설명 가능한 의료 AI

AI문고

인공지능 시대입니다. 기계가 인간의 인지를 대신하고, 사물이 인간을 통하지 않고 다른 사물과 직접 커뮤니케이션합니다. 이에 따른 인간 삶과 문명 변화를 정확히 이해·예측·대응하는 것은 이 시대 우리 모두의 과제입니다. AI문고는 인공지능 기술과 환경의 여러 주제를 10가지 키워드로 정리합니다. 관련 개념과 이론, 학계와 산업계의 쟁점, 우리 일상의 변화를 다룹니다. 인간과 기술의 현재, 미래를 세심히 분석합니다.

일러두기

- 인명, 작품명, 저서명, 개념어 등은 한글과 함께 괄호 안에 해당 국가의 원어를 병기했습니다.
- 외래어 표기는 현행 어문규정의 외래어표기법을 따랐습니다.

처음이세요?

전문가세요?

설명 가능한 의료 AI

박상민

대한민국, 서울, 커뮤니케이션북스, 2025

설명 가능한 의료 AI

지은이 박상민
펴낸이 박영률

초판 1쇄 펴낸날 2025년 2월 27일

커뮤니케이션북스(주)
출판 등록 2007년 8월 17일 제313-2007-000166호
02880 서울시 성북구 성북로 5-11
전화(02) 7474 001, 팩스(02) 736 5047
commbooks@commbooks.com
www.commbooks.com

ISBN 979-11-7307-548-3 03500

책값은 뒤표지에 표시되어 있습니다.

차례

AI의 세대 변화와 좋은 의료 AI의 조건

2024년 노벨 물리학상은 딥러닝과 인공신경망을 개발한 존 홉필드 교수와 제프리 힌턴 교수가 수상했고, 노벨 화학상은 단백질 구조 예측 인공지능(AI)을 개발한 구글 딥마인드 연구진과 워싱턴대의 데이비드 베이커 교수에게 돌아갔다. 물리와 화학 모두 전통적인 학문 분야의 연구자들이 아닌, AI 연구나 이를 활용한 과학자들이 수상하면서 진정한 승자는 AI라는 평가가 나온다. AI는 이미 물리학, 화학, 생물학, 의학 등 다양한 분야에서 중요한 도구로 자리 잡았다.

숨 가쁜 기술 발전 속에 의료 AI는 다양한 분야에서 전문가를 뛰어넘는 정확도를 보인다. AI를 개발할 때 일차적인 목표는 최고의 정확도를 달성하는 것이다. 하지만 정확도가 높다고 모두 임상 현장에서 널리 사용되는 것은 아니다. 정확도 외에 좋은 의료 AI를 판단하는 다른 기준은 무엇일까?

본 장에서는 AI의 세대 변화가 의료 AI에 미친 영향을 살펴보고, 의료진과 환자뿐 아니라 규제 기관도 받아들일 수 있는 좋은 의료 AI의 조건을 살펴보겠다.

의료 AI의 세대 변화

AI는 세 단계의 기술적 변화를 거치며 발전해 왔다(Howell, 2024). 초기 AI 기술은 확률적 모델(Probabilistic Models)을 중심으로 주로 데이터를 분석하는 데 초점을 맞추거나 규칙 기반 시스템이었다. 이후 딥러닝(Deep Learning) 기술의 발전으로 AI는 더 많은 데이터를 학습하여 그 정확도를 향상하면서 본격적으로 의료 영역에 적용되었다. 이제는 파운데이션 모델과 생성 AI 같은 최신 기술을 통해 더 정교하고 포괄적인 분석이 가능하게 되면서 의료 현장에 다양하게 적용되고 있다.

AI 1.0 확률적 모델과 규칙 기반 전문가 시스템

의료 AI의 초기 단계는 확률적 모델과 전문가 시스템을 기반으로 한 것이었다.

확률적 모델은 다양한 위험 요인을 고려하여 특정 질병의 발생 가능성을 계산하는 방식으로 작동한다. 의료진은 이러한 모델을 사용하여 질병 발생 확률을 계산하고 치료 효과를 예측하는 데 도움을 받았다. 확률적 모델의 대표적인 예로는 베이즈 정리(Bayes' Theorem)가 있다. 베이즈 정리는 주어진 정보와 새로운 데이터를 결합하여 예측을 갱신하는 방식이다. 이 방법은 의료 데이터가 불완전하거나 제한적일 때 특히 유용했다. 특정 증상을 보이는 환자가 있을 때, 베이즈 정리를 통해 해당 증상이 특정 질병과 연관될 확률을 계산하고 이를 기반으로 진단을 내릴 수 있다.

초기의 확률적 모델은 의료 데이터를 객관적으로 분석하고 불확실성을 줄이는 데 기여했지만, 몇 가지 한계도 존재했다. 데이터의 양과 질에 매우 민감하였으며 충분한 데이터가 없으면 예측의 정확도가 떨어졌다. 또한 복잡한 의료 데이터를 처리하는 데 제한이 있었고, 특히 여러 요인이 복합적으로 작용하는 질병의 경우 단순한 확률 계산만으로는 정확한 예측을 도출하기 어려웠다.

전문가 시스템(Expert System)은 규칙 기반 시스템으로, 전문가의 지식을 컴퓨터에 저장해 문제 해결을 지원하는 것이다. 한 예로 전자의무기록 기반 의사 결정 지원 시스템은 의료 기록 데이터를 분석해 의사들에게 치료 옵션을 미리 주어진 알고리즘에 따라 제안한다. 환자의 과거 기록, 약물 사용, 검사 결과 등을 종합적으로 평가하여 적합한 진단 및 치료 방법을 제시하는 것이다. 하지만 전문가 시스템은 주로 정형화된 규칙에 따라 진단을 내리기 때문에, 복잡하고 드문 질환이나 다중 질환 등 다양한 변수를 가진 경우 한계가 있다. 특히 기저 질환이 많고 증상이 복합적인 경우, 기존에 정의된 규칙만으로는 정확한 진단을 내리기 어렵다.

의료 AI의 진화, AI 2.0 딥러닝과 정확도의 향상

의료 AI는 딥러닝 기술의 도입으로 인해 획기적인 변화를 맞이했다. 딥러닝은 방대한 양의 데이터를 기반으로 여러 층의 인공 신경망을 통해 복잡한 패턴을 학습하는 기술이다. 이를 통해 기존의 확률적 모델이 해결하기 어려웠던 대량의 의료 데이터를 효과적으로 분석하고 처리할 수 있게 되었다.

특히 의료 영상 분석 분야에서 딥러닝은 놀라운 성과를 보여주고 있다. 엑스레이, CT, MRI, 병리학 이미지 등 다양한 의료 영상을 분석하는 딥러닝 기반 AI 시스템은 방대한 양의 데이터를 학습하여 전문 의료진의 수준을 뛰어넘는 정확도로 질병을 진단할 수 있다. 또한 딥러닝 모델은 환자의 예후 예측에도 활용되어 개인 맞춤형 치료 계획 수립에 기여하고 있다.

딥러닝의 가장 큰 특징 중 하나는 방대한 데이터를 스스로 학습하여 복잡한 패턴을 찾아내는 능력이다. 초기의 전문가 시스템은 사람이 미리 정의한 규칙에 따라 작동했지만, 딥러닝은 데이터 속에 숨겨진 정보를 능동적으로 추출하여 더욱 정확하고 복잡한 문제를 해결할 수 있다.

딥러닝은 학습 방식에 따라 크게 세 가지로 나눌 수 있다. 첫째, 지도 학습은 정답이 미리 알려진 레이블된 데이터를 사용하여 모델을 학습시키는 방식이다. 예를 들어 고양이와 강아지 이미지에 각각 '고양이', '강아지'라는 레이블을 붙여 모델을 학습시키면, 새로운 이미지를 입력했을 때 고양이인지 강아지인지 판별할 수 있다. 둘째, 비지도 학습은 정답이 없는 레이블이 없는 데이터를 사용하여 데이터 속에 숨겨진 구조나 패턴을 찾아내는 방식이다. 예를 들어 고객 구매 데이터를 분석하여 고객의 구매 패턴을 파악하거나 이미지 데이터를 분석하여 유사한 이미지끼리 묶을 수 있다. 셋째, 강화 학습은 환경과 상호 작용하며 보상을 최대화하는 행동을 학습하는 방식이다. 마치 게임을 하듯이 시행착오를 통해 최적의 전략을 찾아낸다. 예를 들어 알파고는 바둑 게임을 통해 상대방의 수를 예측하고 승리하기 위한 최적의 수를 찾아냈다.

딥러닝은 의료 AI 분야에서 놀라운 성과를 보여 주고

있지만 여전히 몇 가지 한계점을 가지고 있다.

첫째, 특화된 모델의 한계다. 딥러닝 모델은 특정 작업에 최적화되어 있어 다양한 임상 환경에 유연하게 적응하기 어렵다는 점이 가장 큰 단점이다. 예를 들어 폐암 진단에 특화된 모델을 다른 종류의 암 진단에 적용하기 어려운 것처럼, 모델의 일반화 능력이 부족하여 다양한 임상 상황에 유연하게 대처하기 어렵다.

둘째, 데이터 의존성이다. 딥러닝 모델은 방대한 양의 고품질 데이터를 필요로 한다. 의료 데이터는 수집 및 가공에 어려움이 많고, 개인 정보 보호 문제 등으로 인해 데이터 확보가 쉽지 않다. 따라서 데이터 부족은 모델의 성능 저하로 이어질 수 있으며, 특히 희귀 질환의 경우 데이터 부족 문제가 더욱 심각하게 나타난다.

셋째, 재난적 망각이다. 딥러닝 모델은 새로운 작업을 학습할 때 기존에 학습한 정보를 잊어버리는 경향이 있다. 이를 '재난적 망각(Catastrophic Forgetting)'이라고 하며, 이는 신경망 모델의 가중치가 새로운 작업에 맞춰 변화하면서 기존의 정보가 손실되기 때문이다. 이러한 문제는 연속적인 학습이나 다중 작업 학습 시스템 구축에 큰 걸림돌이 된다.

AI 3.0 파운데이션 모델과 생성 AI

의료 AI는 최근 파운데이션 모델과 생성 AI의 도입으로 새로운 전기를 맞이하고 있다.

파운데이션 모델은 방대한 양의 데이터를 학습하여 다양한 작업을 수행할 수 있도록 사전 훈련된 대규모 AI 모델이다. 기존의 딥러닝 모델이 특정 작업에 최적화되어 있었다면, 파운데이션 모델은 여러 작업에 유연하게 적용될 수 있다는 점에서 차별화된다. 예를 들어 하나의 파운데이션 모델이 의료 이미지 분석, 환자 기록 해석, 새로운 바이오마커 발굴 등 다양한 의료 관련 작업을 수행할 수 있다. 이는 의료 데이터의 다양성과 복잡성을 고려할 때 특히 중요한 특징이다.

파운데이션 모델 기반의 의료 AI는 환자의 의료 이미지, 검사 결과, 의료 기록, 유전자 데이터, 심전도 등 다양한 모달리티 데이터를 통합 분석하여 복잡한 상관관계를 파악하고, 정밀한 진단과 맞춤형 치료 계획을 제시할 수 있다. 예를 들어 암 환자의 경우 유전체 정보와 종양 이미지를 함께 분석하여 개인 맞춤형 항암 치료법을 제안할 수 있다.

생성 AI는 파운데이션 모델을 기반으로 새로운 콘텐츠를 창작하는 기술이다. 단순히 기존 데이터를 분석하는 것을 넘어 새로운 텍스트, 이미지, 코드, 심지어 가상 환경까지 생성해 낼 수 있다. 의료 분야에서는 생성 AI가 다양한 문제 해결에 활용될 수 있는 잠재력을 지니고 있다.

의료 영상 데이터가 부족한 경우, 생성 AI를 활용하여 실제와 유사한 합성 데이터를 생성함으로써 모델 학습에 활용할 수 있다. 이는 특히 희귀 질환이나 새로운 질병 진단 모델 개발에 유용하게 활용될 수 있다. 또한 환자의 건강 기록, 유전자 정보, 생활 습관 등 다양한 데이터를 기반으로 개인 맞춤형 치료 계획을 생성할 수 있다. 이를 통해 환자의 특성에 최적화된 치료를 제공하고 부작용을 최소화할 수 있다.

생성 AI는 새로운 약물 분자를 설계하거나 기존 약물의 구조를 변형하여 새로운 약효를 가진 물질을 찾는 데 활용될 수 있다. 또한 임상 시험 데이터를 기반으로 약물의 효능과 부작용을 예측하여 신약 개발 과정을 가속화할 수 있다.

의료 연구, 교육, 그리고 환자와의 소통에서 생성 AI는 혁신적인 변화를 일으킬 잠재력을 지니고 있다. 예를 들어, 가상 환경을 구축함으로써 실제 환자 데이터를 사용하지 않고도 사실적인 임상 시나리오를 구현할 수 있다. 이를 통해 의료진은 다양한 상황을 안전하게 경험하고 훈련할 수 있으며 특히 수술 시뮬레이션이나 응급 상황 대처 훈련에서 효과적으로 활용될 수 있다.

이와 함께 의료 기록 자동화로 의료진의 행정 업무 부담을 줄이고 데이터의 일관성을 높이는 데 도움이 된다. 환자의 의료 데이터를 바탕으로 개인 맞춤형 건강 보고서를 자동 생성해 환자가 자신의 질병을 이해하고 자가 관리를 할 수 있도록 지원할 수 있다. 복잡한 의학 용어를 쉬운 언어로 변환해 환자에게 설명하거나 실시간 질문에 답변하고 건강 상담을 제공하는 챗봇을 개발해 환자의 접근성을 높일 수 있다.

좋은 의료 AI의 조건: 정확도, 임상적 유용성, 설명 가능성

의료 AI는 확률적 모델에서 딥러닝을 거쳐 파운데이션 모델과 생성 AI에 이르기까지 놀라운 기술적 발전을 이루며 다양한 분야에서 전문가에 버금가거나 이를 뛰어넘는 정확도를 보여 주고 있다. 그러나 의료 AI가 실제 현장에서 널리 사용되기 위해서는 여전히 여러 과제가 남아 있다. 최근 의료 AI 도입에 대한 의료진의 반응을 분석한 설문 조사에 따르면 의료진의 경력이 길수록 AI 채택률이 낮은 것으로 나타났다(GE Healthcare, 2023).

그렇다면 의료 전문가들이 AI 활용을 주저하는 이유는 무엇일까?

의료진은 수년간의 경험과 임상적 직관을 바탕으로 환자를 진단하고 치료하는 데 익숙하다. 새로운 의료 AI 기술을 효과적으로 사용하기 위해서는 일정 수준의 기술적 이해가 필요하다. 하지만 바쁜 의료 현장에서 시간에 쫓기는 의료진에게 새로운 기술을 배우는 것은 큰 부담으로 다가올 수 있다. 특히 경력이 많은 의료진은 의료 AI 기술을 배우기보다 기존의 진료 방식을 유지하는 것이 더 효율적이라고 느낄 수 있다.

또한 AI에 대한 신뢰 부족 역시 의료진의 AI 채택을 저해하는 중요한 요인이다. AI는 복잡한 알고리즘과 데이터 분석을 기반으로 작동하지만, 그 과정이 명확하게 설명되지 않는 경우가 많다. 이러한 불투명성은 의료진이 AI를 신뢰하지 않게 만들거나 의사 결정 과정에서 AI를 적극적으로 활용하지 않게 할 수 있다.

그러면 의료진과 환자, 규제 기관 등 다양한 이해 당사자들이 모두 원하는 좋은 의료 AI는 어떤 조건을 갖추어야 할까? 결론부터 말하면 좋은 의료 AI는 정확도, 임상적 유용성, 설명 가능성을 모두 갖춘 인간 중심 AI이다.

좋은 의료 AI의 기본: 정확도와 임상적 유용성

높은 정확도는 우수한 의료 AI의 필수 조건이다. 의료 AI가 진단이나 예측을 수행할 때 얼마나 정확한지를 보여주며, 이상 소견을 탐지하는 민감도와 정상 상태를 구분하는 특이도 모두에서 뛰어난 성능을 발휘해야 한다. 의료 AI의 정확도가 낮을 경우 잘못된 진단으로 인한 과잉치료나 치료 지연으로 이어질 수 있다. 잘못된 음성(false negative)이나 양성(false positive) 비율이 높은 의료 기기는 임상에서 사용될 수 없다.

딥러닝 기반의 의료 AI는 의료 영상 분석, 병리학적 진단, 예측 모델링 등 다양한 분야에서 전문가 수준의 정확도를 달성하고 있다. 딥러닝은 대규모 데이터를 처리하고 복잡한 패턴을 학습하면서 기존 방식이 놓쳤던 세부적인 의료 데이터를 이해하고, 이를 바탕으로 정확한 진단과 치료 계획을 제안할 수 있게 돕는다. 특히 의료 영상 분석 분야에서 이러한 변화는 두드러진다. 방사선 사진, CT, MRI, 병리 조직 샘플 등 다양한 의료 이미지를 분석하는 AI 시스템은 수십만 개 이상의 이미지를 학습해 암, 심혈관 질환, 폐 질환 등을 정확하게 진단할 수 있는 능력을 갖추었다.

디지털 스캐너를 사용해 병리학적 슬라이드를 디지털

이미지로 변환하고 이를 병리 진단에 활용하는 디지털 병리학이 발전하면서, 병리학적 진단에서도 딥러닝 모델의 역할이 크게 확대되었다. 최근의 AI 모델은 디지털 병리 이미지를 신속하게 분석하여 숙련된 병리학자와 동등한 수준의 진단 정확도를 보여주고 있다.

그러나 뛰어난 정확도를 자랑하는 AI 모델이 반드시 의료 현장에서 널리 사용되는 것은 아니다(Kuo, 2024). 실제로 기술적으로 높은 정확도를 지닌 AI가 임상 현장에서 활용되지 않는 경우도 많다. 좋은 의료 AI는 정확성뿐만 아니라 임상적 유용성도 갖추어야 한다. 임상적 유용성이란 AI가 실제 의료 환경에서 얼마나 효과적으로 적용될 수 있는지를 의미한다. 이론적으로만 우수한 성능을 보이는 것이 아니라 다양한 환자군과 일상적인 임상 상황에서도 일관된 결과를 제공해야 한다.

또한 우수한 AI는 바쁜 의료진의 업무를 경감시킬 수 있어야 한다. 예를 들어 응급실에서 환자의 상태 변화를 실시간으로 모니터링하고 예측하여 의료진이 신속하고 정확한 결정을 내릴 수 있도록 돕는다면, 그 AI는 임상적으로 유용하다고 평가될 수 있다.

AI의 임상적 유용성을 높이기 위해서는 의료진이 쉽게 사용할 수 있는 직관적인 인터페이스가 필요하다. 더

불어 AI가 의료진이 이미 익숙한 임상 환경과 유기적으로 통합될 수 있어야 한다. 의료 AI의 도입이 의료진에게 추가적인 행정적 부담을 주지 않는 것도 중요하다. 만약 AI 도입이 의료진에게 업무 부담으로 느껴진다면 실제 임상에서 그 활용도는 크게 떨어질 수 있다.

의료 AI의 블랙박스 문제와 설명 가능성의 중요

AI는 방대한 의료 데이터를 분석해 질병을 진단하고 예측하는 강력한 도구이지만, 그 과정이 불투명할 경우 '블랙박스' 문제가 발생할 수 있다. AI가 복잡한 데이터와 알고리즘을 사용해 결론에 도달하는 과정이 의료진에게 명확하게 설명되지 않으면, 그 결과에 대한 신뢰가 떨어질 수 있다.

최근 연구에 따르면 훈련된 비둘기는 5일 동안 교육하면 유방암 병리 사진을 90% 이상의 정확도로 진단할 수 있고(Levenson, 2015), 마약 탐지견은 소변 냄새를 통해 전립선암을 감지할 수 있다고 한다(Taverna, 2015). 그러나 비둘기와 탐지견이 암을 정확하게 진단한다고 해서 의료진이 그 기전을 설명하기 어려운 이 판정 결과를 실제 진료에 적용할 수 있을까?

의료 AI의 블랙박스 문제도 마찬가지다. 의료진은 AI

가 어떤 근거로 특정 결정을 내렸는지, 그 결론이 왜 신뢰할 만한지 알고 싶어 한다. 하지만 복잡한 신경망이나 딥러닝 모델은 그 작동 원리를 인간이 직관적으로 이해하기 어렵다(Christoph, 2020). 의료진이 AI의 결정 이유를 환자에게 설명할 수 없다면 환자의 동의를 얻기 어려워지고 의료진과 환자 간의 소통도 원활하지 않을 수 있다. 또한 의료진은 환자의 안전과 권리에 민감하며 본인이 이해하지 못한 AI의 결정으로 예기치 못한 결과가 발생할 위험에 대해 방어적으로 반응할 가능성이 크다. 따라서 의료진은 AI를 환자 진료에 적극적으로 활용하는 데 망설일 수 있다.

인간과 AI를 연결하는 설명 가능한 AI

설명 가능한 AI(Explainable AI)는 블랙박스 모델을 인간이 이해하고 해석할 수 있도록 돕는 기술이다. 이 기술은 AI의 작동 방식을 더 투명하게 만들어 인간이 그 과정을 신뢰할 수 있도록 한다. 설명 가능한 AI 기술 중 하나는 각 변수의 기여도를 분석하고 이를 시각적으로 명확하게 보여 주는 것이다. 또한 의료 AI의 경우, 이미지에서 AI가 주목한 부분을 시각화하는 방법이 널리 활용된다. 이러한 설명 가능성은 AI의 결정 과정에 대한 투명성을 강화하여 임상 현장에서 의료 AI가 더 적극적으로 수용될 수 있는 기반을 마련한다.

중요한 점은 AI가 의료진을 대체하는 것이 아니라 의료진의 의사 결정을 보조하고 지원하는 역할을 해야 한다는 것이다. AI는 의료진이 최종적인 판단을 내릴 수 있도록 도와주는 도구로 사용될 때 가장 효과적이다. 이처럼 의료진의 역할이 종합적인 의사 결정의 책임자로 명확히 규정될 때, 사용자들은 AI를 더 긍정적으로 받아들일 수 있다.

AI와 인간이 상호 작용 하는 과정에서 AI의 뛰어난 계산력과 데이터 분석 능력이 인간의 창의성과 결합하면 인간의 지적 능력을 확장하고 새로운 지식을 효과적으로 창출할 수 있다. 특히 신약 개발 분야에서는 AI가 새로운 분자 설계, 약물 디자인, 약물 용도 변경, 약물 후보물질 탐색 등 다양한 분야에서 활발히 활용되고 있다. 또한 방대한 의료 데이터를 분석해 지금까지 알려지지 않았던 패턴이나 징후를 발견하고 새로운 바이오마커를 탐색하는 AI 연구도 활발히 진행 중이다.

이러한 신약 개발과 바이오마커 발굴 과정에서는 AI의 추론 방식이 과학자가 이해하는 생물학적 기전이나 의료진의 직관과 일치하는지 판단하는 데 설명 가능한

AI 기술이 필수적이다. 의료 AI의 개발과 임상 적용에 대한 수요가 증가함에 따라 AI의 판단이 갖는 임상적 의미를 의료진과 환자가 이해할 수 있도록 돕고, 인허가 기관의 규제 기준을 충족하기 위해서도 인간과 AI를 연결하는 설명 가능한 AI의 중요성은 더욱 커지고 있다.

좋은 의료 AI는 높은 정확도, 임상적 유용성, 그리고 설명 가능성을 갖춘 시스템이다. 높은 정확도는 의료 AI의 기본적인 요건으로 오류를 줄이고 신뢰성을 높이는 데 필수적이다. 또한 임상 현장에서 실제로 활용되기 위해서는 임상적 유용성도 중요하다. 이를 위해 의료 AI는 의료진이 익숙한 임상 환경에 원활하게 통합될 수 있는 사용자 친화적인 인터페이스를 제공하며, 의료진이 환자와의 소통에 더 많은 시간을 할애할 수 있도록 도와야 한다.

좋은 의료 AI의 핵심 요소 중 하나는 설명 가능성이다. 아무리 정확도가 높더라도 판단 과정을 이해하기 어렵다면 의료진과 환자는 AI 사용을 주저할 수 있다. 설명 가능한 AI는 의료 AI의 의사 결정 과정을 인간이 이해하고 해석할 수 있도록 도와주는 기술이다. 이는 의사와 환자 간의 원활한 소통을 도울 뿐만 아니라 의료 기기의 인허가 과정과 신뢰성 확보에도 필수적이다.

참고문헌

Christoph, M.(2020). Interpretable machine learning: A guide for making black box models explainable. Leanpub.

GE Healthcare(2023). Reimagining better health. GE Healthcare.

Howell, M., Corrado, G. & DeSalvo, K.(2024.1.16). Three epochs of artificial intelligence in health care. Jama, 331(3), 242–244.

Kuo, R., Freethy, A., Smith, J., et al.(2024.5.1). Stakeholder perspectives towards diagnostic artificial intelligence: a co–produced qualitative evidence synthesis. EClinicalMedicine, 71.

Levenson, R., Krupinski, E., Navarro, V., et al.(2015.11.18). Pigeons (Columba livia) as trainable observers of pathology and radiology breast cancer images. PloS one, 10(11), e0141357.

Taverna, G., Tidu, L., Grizzi, F., et al.(2015.4.1). Olfactory system of highly trained dogs detects prostate cancer in urine samples. The Journal of urology, 193(4), 1382–1387.

01
블랙박스 모델과 화이트박스 모델

의료 AI는 정확도와 해석 가능성에 따라 블랙박스 모델과 화이트박스 모델로 구분된다. 블랙박스 모델은 높은 정확도를 제공하지만 해석이 어려워 신뢰성에 한계가 있다. 화이트박스 모델은 내부 작동 원리와 결정 과정이 드러나는 투명한 모델이지만 복잡한 데이터 패턴을 처리하는 데 한계가 있다. 설명 가능한 AI 기술을 활용하면 높은 정확도를 유지하면서도 해석 가능성을 높일 수 있다.

AI와 1인 창업?

블랙박스 모델 vs 화이트박스 모델

블랙박스 모델은 내부 작동 원리가 외부에서 쉽게 파악되지 않는 모델을 말한다. 이러한 모델은 데이터 입력과 출력 결과만을 제공하며, 그 내부의 결정 과정이나 예측 과정을 이해하기 어렵다.

주로 딥러닝 기반의 이미지 분석 모델이나 앙상블 학습 방법 등이 블랙박스 모델에 해당한다. 딥러닝 모델은 신경망을 기반으로 한 복잡한 구조를 가지며, 데이터에서 자동으로 특징을 추출하고 학습하는 기능을 갖추고 있다. 이러한 모델은 이미지 분석, 음성 인식 등 다양한 분야에서 뛰어난 성능을 발휘한다. 의료 분야에서는 질병 진단, 영상 분석, 환자의 예후 예측 등에서 높은 정확도를 보여 주지만, 그 작동 원리를 명확히 설명하기 어렵다.

앙상블 학습 방법은 여러 개 모델을 조합하여 예측 성능을 향상하는 기법으로 랜덤 포레스트(random forest)나 그래디언트 부스팅(Gradient boosting) 같은 방법이 여기에 해당한다. 앙상블 모델은 개별 모델들의 예측을 종합하여 정확도가 높은 최종 결과를 도출하기 위해 복잡한 조합 과정을 거친다. 그러다 보니 각 모델이 최종 판단에 기여하는 정도를 파악하기 어렵고, 전체 시스템의 결정 과정이 불투명하다.

화이트박스 모델은 모델의 내부 작동 원리와 결정 과정이 명확하게 드러나는 모델이다. 그래서 투명한 모델(transparent model)이라고도 불린다. 전통적인 통계 방법인 선형 회귀 모델이나 규칙 기반인 의사 결정 트리 모델이 대표적인 화이트박스 모델이다(Christoph, 2020).

선형 회귀 모델은 입력 변수와 출력 변수 간의 선형 관계를 모형화한다. 의료 분야에서는 환자의 치료 반응 예측, 위험 평가 등에 활용될 수 있으며 각 변수의 기여도를 쉽게 분석할 수 있다. 선형 회귀 모델에 기반하여 확장된 로지스틱 회귀 모델이나 콕스 비례 위험 모델 등도 의료에서 널리 사용된다. 의사결정 트리 모델은 데이터를 분할하여 최종 결정을 내리는 트리 구조로 되어 있다. 이 모델은 의사 결정 과정이 시각적으로 표현되며, 각 단계에서의 결정 기준을 쉽게 이해할 수 있다.

의료 AI에서 정확도와 투명성 간의 상충

한 AI 모델에서 정확도와 투명성을 동시에 높이기는 매우 어렵다. 보통 정확도가 높은 모델은 투명성이 떨어진다. AI 모델 선택에서 높은 정확도 성능과 해석 가능성 사이의 균형을 맞추는 것은 중요한 문제다(Arrieta, 2020).

블랙박스 모델의 주요 장점은 높은 예측 정확도와 복잡한 데이터 패턴을 처리할 수 있는 능력이다. 이러한 모델은 많은 양의 데이터와 복잡한 문제를 처리하는 데 효과적이다. 그러나 이러한 모델의 결정 과정은 외부에서 이해하기 어려워, 결과에 대한 신뢰를 구축하는 데 한계가 있다. 특히 의료 분야에서 환자의 치료나 진단 결과를 설명할 필요가 있을 때, 모델의 불투명성으로 인해 소통이 어려울 수 있다. 또한 블랙박스 모델의 디버깅(오류 수정)도 복잡하다. 모델이 잘못된 예측을 했을 때 내부 작동 과정과 원인을 파악하고 수정하는 것이 매우 어렵기 때문이다. 이는 의료 현장에서 모델의 신뢰성과 안전성을 보장하는 데 큰 걸림돌이 될 수 있다.

반면, 화이트박스 모델은 모델의 내부 작동 원리와 결정 과정을 명확히 설명할 수 있어 투명성에서 강점을 보인다. 이는 의료 전문가들이 모델의 예측을 신뢰하고 결과를 바탕으로 치료 결정을 내리는 데 도움을 준다. 이러한 모델들은 단계별로 AI가 어떻게 결론에 도달했는지 추적할 수 있어 의료진이 AI의 결과를 신뢰하고 임상 결정을 내릴 때 더 쉽게 활용할 수 있다. 특히 의료 분야에서는 투명성과 해석 가능성에 대한 요구가 높은 만큼 규제 당국이나 의사들은 쉽게 이해할 수 있는 화이트박스 모델을 선호하는 경향이 있다.

하지만 화이트박스 모델은 복잡한 데이터 패턴을 처리하는 데 한계가 있으며, 예측 정확도나 성능이 블랙박스 모델에 비해 낮을 수 있다. 의료 데이터는 종종 비정형적이고 다차원적인 특성을 가지는데, 이러한 데이터를 단순한 규칙으로 설명하려다 보면 모델의 예측력이 떨어질 수 있다. 특히 복잡한 유전 데이터나 의료 영상 데이터를 분석할 때, 화이트박스 모델은 중요한 패턴을 놓칠 수 있다.

블랙박스 모델과 화이트박스 모델 중 의료 AI를 선택할 때는 정확도와 투명성 사이에서 선택의 딜레마가 존재한다. 고성능이 필요한 진단 작업에서는 블랙박스 모델이 유리할 수 있다. 특히 영상 진단과 같은 분야에서는 모델의 성능이 매우 중요하다. 반면, 투명성과 설명 가능성이 더 중요한 경우에는 화이트박스 모델이 더 적합하다. 예를 들면 환자의 치료 계획을 세울 때, 왜 특정 치료 방법이 선택되었는지를 명확히 논의하는 것이 중요하므로 화이트박스 모델을 활용하는 것이 의료진과 환자의 소통에 더 도움이 되기도 한다.

설명 가능한 인공지능의 필요성

의료 AI를 개발할 때는 정확도와 투명성, 해석 가능성의 균형을 맞추는 것이 중요하다. 최근에는 블랙박스 모델의 높은 성능을 유지하면서도, 그 과정을 이해할 수 있도록 하는 설명 가능한 인공지능(Explainable AI, XAI) 기술이 주목받고 있다(Adadi, 2018). 설명 가능한 AI 기술은 블랙박스 모델의 강력한 성능을 유지하면서도 의사들이 AI의 결론을 더 잘 이해하고 신뢰할 수 있도록 돕는 중요한 도구다.

설명 가능한 AI 기술은 인공지능 모델의 결정 과정을 시각화하고 각 변수의 중요도를 계량화하여 사람이 이해할 수 있도록 제공한다. 블랙박스 모델의 예측 결과를 화이트박스 모델로 대리 설명하거나, 해석할 수 있는 특성 추출 방법을 도입하여 블랙박스 모델의 결과를 설명할 수 있다. 이를 통해 AI 모델의 블랙박스를 열고 내부를 들여다볼 수 있게 되며, 중요한 의사 결정 과정에서 쉽게 이해하고 활용할 수 있다. 또한 모델의 오류 발생 시 원인을 파악하고 수정하여 성능을 향상시키고, 의료 분야처럼 규제가 엄격한 분야에서 법적 요구 사항을 충족시킬 수 있다.

의료 AI는 높은 정확도뿐만 아니라 설명 가능성도 갖

추어야 한다. 블랙박스 모델과 화이트박스 모델 각각의 장단점을 이해하고 상황에 맞는 모델을 선택하는 것이 중요하다. 설명 가능한 AI 기술을 활용하면 블랙박스 모델의 높은 정확도를 유지하면서도 해석 가능성을 높일 수 있다. 이를 통해 의료진과 환자의 신뢰를 얻고 의료 분야에서 AI의 활용을 촉진하는 데 중요한 역할을 할 것이다.

참고문헌

Adadi, A. & Berrada, M.(2018.9.16). Peeking inside the black-box: a survey on explainable artificial intelligence (XAI). *IEEE access, 6*, 52138-52160.

Arrieta, A., Díaz-Rodríguez, N., Del Ser, J., et al.(2010.6.1). Explainable Artificial Intelligence(XAI): Concepts, taxonomies, opportunities and challenges toward responsible AI. *Information fusion, 58*, 82-115.

Christoph, M.(2020). *Interpretable machine learning: A guide for making black box models explainable*. Leanpub.

02
블랙박스를 여는 설명 가능한 AI 기술

의료 AI는 높은 성능과 신뢰성을 동시에 충족시키는 것이 요구된다. 설명 가능한 AI 기술을 활용하면 블랙박스 모델의 높은 정확도를 유지하면서도 해석 가능성을 높일 수 있다. 이 장에서는 블랙박스를 여는 설명 가능한 AI 기술 중 대리 모델, 특성 중요도 및 예제 기반 설명을 살펴볼 것이다.

AI와 MBTI?

대리 모델 방법과 LIME

대리 모델(Surrogate model)은 블랙박스 모델의 예측 결과를 더 간단한 화이트박스 모델을 통해 설명하는 방법이다. 이 과정에서 대리 모델은 원래의 복잡한 모델을 직접 사용하지 않고 입력과 출력 정보를 활용해 예측을 단순화하여 설명한다. 대리 모델은 전체 모델의 예측 결과를 설명하는 데 사용할 수 있으며 블랙박스 모델의 예측 과정을 국소적으로 설명할 수도 있다. 대리 모델을 사용한 설명은 후처리 단계에서 시각화되거나 구체적인 해석이 추가되어 설명의 명확성을 높인다. 하지만 대리 모델은 전체 모델의 작동 원리를 설명하는 데는 한계가 있으며 설명 방식에 따라 해석이 달라지는 단점이 있다.

국소 모델-비특이적 설명(Local Interpretable Model-agnostic Explanations, LIME)은 국소적 대리 모델의 대표적인 방법이다. LIME은 특정 예측값 주변의 데이터를 추출하여 새로운 샘플을 생성하고 그 주변을 잘 설명하는 대리 모형을 만들어 모델의 예측을 설명한다(Ribeiro, 2016). LIME은 복잡한 블랙박스 모델이 비선형적인 패턴을 학습하더라도, 국소적으로는 단순한 선형 모델이나 의사 결정 나무를 활용해 완전히 정확하지는 않지만 대략적으로 비슷하게 설명할 수 있다는 가정을 기반으로 한다. LIME은 어떤 모델에도 적용할 수 있는 모델 비특이적인 방법이어서 이미 학습이 완료된 모델에도 적용할 수 있다.

LIME은 의료 분야에서 다양한 방식으로 활용된다. 예를 들어 심박 변이도 분석에서는 심박 간격과 심박수 변동성이 심혈관 질환 진단에 미치는 영향을 설명하고 뇌파 분석에서는 특정 주파수 대역의 특징이 뇌전증 진단에 미치는 영향을 파악한다. 음성 분석에서는 음성의 떨림이나 쉰 목소리, 말 속도가 파킨슨병이나 정신 질환 진단에 미치는 영향을 설명할 수 있다.

특성 중요도

특성 중요도(Feature Importance)는 기계학습 모델에서 각 특성이 모델의 예측에 미치는 영향을 평가하는 일반적인 개념이다. 이는 모델의 성능을 향상하거나 모델의 해석 가능성을 높이기 위해 각 특성의 기여도를 이해하고자 할 때 사용된다.

순열 중요도(Permutation Importance)는 특성 중요도를 평가하기 위한 구체적인 방법의 하나다. 이는 특정 특성의 값을 무작위로 섞었을 때 모델의 성능이 얼마나 감소하는지를 측정하여 그 특성의 중요성을 평가한다.

이 방법은 모델에 덜 의존적이고 특징 간 상호 작용을 잘 반영할 수 있다는 장점이 있다. 그러나 계산 비용이 많이 들고 상관관계가 높은 특징들 사이에서 정확도가 떨어질 수 있다.

셰플리 가법 설명(SHapley Additive exPlanations, SHAP)은 게임 이론의 셰플리(Shapley) 값을 기반으로 하여 특성 중요도를 측정하는 방법이다(Scott, 2017). 셰플리 값은 협동 게임에서 각 플레이어의 기여도를 측정하는 방법이다. SHAP에서는 각 특성을 플레이어로 보고 모델의 예측 결과에 대한 기여도를 계산한다. 이는 모든 가능한 특성 조합에 대해 모델의 예측 결과를 분석하고 특정 특성이 빠졌을 때 예측 결과가 어떻게 변하는지를 비교하여 중요도를 산출한다. 셰플리 값은 공정성과 일관성을 보장하는 수학적 특성이 있어, 여러 특성의 기여도를 합산했을 때 전체 예측값과 일치하게 된다.

SHAP는 의료 분야에서 다양한 용도로 활용된다. 특히 암 진단, 유전체 데이터 분석, 의료 영상 분석에서 중요한 역할을 한다. 진단 예측 모델에서 SHAP 값을 사용하면 특정 환자의 나이, 유전자 변이, 종양 크기 등 여러 특징이 해당 환자의 질병 위험도 예측에 얼마나 기여하는지 평가할 수 있다.

유전체 데이터 분석에서는 특정 유전자 변이가 질병 발병 위험을 얼마나 높이거나 낮추는지를 시각적으로 보여주어 치료 타깃을 식별하는 데 도움을 준다. 의료 영상 분석에서도 SHAP를 사용하여 AI 모델이 영상 이미지를 분석할 때 모델이 어떤 부분을 중심으로 예측했는지 확인할 수 있다.

SHAP는 특성 간의 상호 작용을 고려하여 중요도를 계산하는 반면, 순열 중요도는 각 특성을 독립적으로 평가하여 상호 작용을 고려하지 않는다. SHAP는 각 특성의 기여도를 명확하게 수치화하고 이를 시각적으로 표현하여 제공하는 반면, 순열 중요도는 특성을 무작위로 섞은 후 모델 성능 저하를 관찰하는 간단한 방식으로 해석이 다소 직관적이다.

예제 기반 설명

예제 기반의 설명 방법 중 사례 기반 설명(Case-Based Explanations)과 반사실적 설명(Counterfactual Explanations)은 의료 현장에서 환자에게 설명하거나 학생을 교육하는 과정과 유사한 면이 있다.

사례 기반 설명은 모델이 특정 결정을 내린 이유를 설명하기 위해 과거의 유사한 사례를 참조하는 방식이다.

이는 의사나 환자에게 해당 결정이 이전에 어떻게 내려졌는지 그리고 유사한 상황에서 모델이 어떤 결론을 도출했는지에 대한 이해를 돕는다. 예를 들어 AI가 특정 진단을 내렸을 때 비슷한 증상과 상황을 가진 다른 사례를 보여 줌으로써 설명이 제공될 수 있다.

반사실적 설명은 모델의 결과를 바꾸기 위해 필요했던 최소한의 변화가 무엇인지를 설명하는 기법이다(Mothilal, 2020). 예를 들어 환자의 치료 결과가 달라지기 위해 어떤 요소가 변경되어야 하는지에 대한 정보를 제공한다. 이 방식은 모델이 내린 결정을 이해하고 환자 맞춤형 치료 옵션을 고려하는 데 유용하다. 특히 의료 AI에서 반사실적 설명은 환자에게 보다 나은 건강 결과를 제공하기 위한 예방 조치를 모색하거나 대안을 제시하는 데 도움을 줄 수 있다.

이 두 기법은 각각 독립적인 설명 방법이지만 함께 사용될 때 더 풍부한 설명을 제공할 수 있다. 예를 들어 사례 기반 설명이 과거의 유사한 결정을 보여 주고 나서 반사실적 설명이 해당 결정이 다른 방향으로 나아가기 위해 어떤 요소가 변경되어야 했는지 설명할 수 있다.

대리 모델, 특성 중요도, 예제 기반 설명의 특징과 한계

이번 장에서는 의료 분야에서 자주 사용되는 설명 가능한 AI 기술 중 대리 모델, 특성 중요도 및 사례 기반 설명과 반사실적 설명에 대해 살펴보았다. 대리 모델은 블랙박스 모델의 복잡한 예측을 단순한 화이트박스 모델로 설명하는 방법이다. 특성 중요도는 각 특성이 예측에 미치는 영향을 평가하는 방법이다. 다양한 특성 중요도 중 게임 이론의 셰플리 값을 기반으로 각 특성의 기여도를 명확하게 수치화하는 SHAP가 널리 사용된다. 사례 기반 설명은 유사한 과거 사례를 참조하여 결정 이유를 설명하고, 반사실적 설명은 결과를 변경하기 위해 필요한 최소한의 변화를 제시한다.

각 방법은 모델 해석의 다양한 측면을 제공하므로 적용하려는 AI 모델과 분석 목적에 따라 적절한 방법을 선택하는 것이 중요하다(Arrieta, 2020). 설명 가능한 AI 기술은 인공지능 모델의 내부 작동 원리를 이해하는 데 도움을 주지만 모델의 복잡성에 따라 해석의 정확도가 달라질 수 있으며 설명이 항상 직관적이지는 않을 수 있다. 또한 모델의 편향성이나 공정성 문제를 해결하지는 못하고 모델의 전체적인 작동 원리를 완전히 설명하는 데에도 한계가 있다. 복잡한 모델일수록 근사적인 설명만 제공할 수 있고 계산 비용이 많이 들 수 있다. 다양한 기법들의 장점과 한계를 고려해 더 풍부한 설명을 제공하는 새로운 설명 가능한 AI 기법을 개발하는 연구가 필요하다.

참고문헌

Arrieta, A., Díaz-Rodríguez, N., Del Ser, J., et al.(2020.6.1). Explainable Artificial Intelligence(XAI): Concepts, taxonomies, opportunities and challenges toward responsible AI. *Information fusion, 58*, 82-115.

Mothilal, R., Sharma, A. & Tan, C.(2020.1.27). Explaining machine learning classifiers through diverse counterfactual explanations. InProceedings of the 2020 conference on fairness, accountability, and transparency, 607-617.

Ribeiro, M., Singh, S. & Guestrin, C.(2016.8.13). "Why should I trust you?" Explaining the predictions of any classifier. InProceedings of the 22nd ACM SIGKDD international conference on knowledge discovery and data mining, 1135-1144.

Scott, M. & Su-In, L.(2017.12.4). Unified approach to interpreting model predictions. *Advances in neural information processing systems, 30*, 4765-4774.

03
의료 영상 AI를 여는 설명 가능한 AI 기술

의료 AI에서 영상 의학 검사, 병리 검사, 내시경 검사 및 수술 영상 등 이미지 정보의 처리와 활용이 급격히 증가하면서 이에 적합한 설명 가능한 AI 기술에 대한 요구가 높다. 이번 장에서는 의료 이미지에서 주목한 부분을 시각화하여 예측 과정을 설명하는 클래스 활성화 지도, 중요도 지도 및 어텐션 메커니즘에 대해 살펴보겠다.

AI와 난임 극복?

클래스 활성화 지도

클래스 활성화 지도(Class Activation Mapping, CAM)는 합성곱 신경망(Convolutional Neural Network, CNN)의 마지막 층의 특징 맵을 이용하여 특정 클래스에 대한 예측에 기여하는 이미지 영역을 시각화하는 방법이다. 즉, CAM은 모델이 예측할 때 특정 클래스에 집중하는 이미지의 영역을 시각화하는 데 적합하다. 주로 CNN 모델에서 사용되며 예를 들어 의료 분야에서는 암과 같은 질병을 예측할 때 중요한 위치를 강조해 진단에 도움을 준다(Zhou, 2016).

그래디언트 기반 클래스 활성화 지도(Gradient-weighted CAM, Grad-CAM)는 CAM의 확장된 형태다(Selvaraju, 2017). 이는 합성곱 신경망의 마지막 층에서 활성화 지도와 그래디언트를 결합해 더 정밀한 시각화를 제공한다. 그래디언트란 기울기를 의미하며 함수의 변화율을 나타내는 값이다. Grad-CAM에서 그래디언트는 인공지능 모델이 이미지를 분석할 때 어느 부분이 중요한지를 찾아내는 역할을 한다. 모델이 예측할 때 그 예측에 가장 영향을 준 이미지의 영역을 그래디언트를 통해 알아내고 그 중요한 부분을 히트맵으로 시각화해 보여준다. 이는 모델이 활성화한 공간적 영역을 기반으로 하며 특정 클래스의 예측 과정에 대한 직관적인 해석을 제공한다.

Grad-CAM은 의료 영상 AI에서 설명 가능성을 보완하기 위해 널리 사용되는 방식 중 하나다. 예를 들어 폐암 진단에서는 CT 이미지에서 병변 부위를 강조하여 조기 진단을 지원하며 유방암 진단에서는 유방 조직 검사 이미지에서 악성 종양의 위치와 크기를 시각화해 병리학자의 판단을 돕는다. 안과 질환 진단에서는 안저 사진에서 녹내장이나 황반변성과 같은 질환의 변화 부위를 시각화하여 의료진이 이를 쉽게 파악할 수 있도록 정보를 제공한다.

중요도 지도

중요도 지도(Saliency Maps)는 이미지의 각 픽셀이 모델에 얼마나 민감하게 반응하는지를 보여 준다(Simonyan, 2013). 즉, 이미지 전체에서 어떤 부분이 모델의 예측에 더 큰 영향을 미치는지를 평가한다. 이는 주로 컴퓨터 비전 작업에서 활용되며 이미지 분류, 객체 탐지, 의료 영상 분석 등에서 픽셀 단위의 해석을 제공한다. 입력 이미지의 각 픽셀이 모델 출력에 얼마나 기여하는지를 미분을 통해 계산하기 때문에 그래디언트 기반으로 작동하며, 모델 출력의 변화량을 분석해 각 픽셀의 중요도를 평가한다.

중요도 지도의 구현 방법에는 여러 가지가 있다. 가장 기본적인 방법은 그래디언트 방식으로, 모델의 출력에 대한 입력의 그래디언트를 계산하여 각 입력 요소의 중요도를 평가한다. 그러나 그래디언트 방식은 노이즈에 취약하여 해석이 어려운 경우가 많다. 이를 해결하기 위해 스무스 그래디언트(SmoothGrad) 기법이 도입되었다. SmoothGrad는 입력에 소량의 노이즈를 추가해 여러 샘플을 생성하고, 각 샘플에 대해 그래디언트를 계산한 후 평균을 내어 결과를 도출한다. 이 방식은 노이즈를 줄여 더 선명하고 해석 가능한 시각적 결과를 제공한다.

누적 그래디언트(Integrated Gradients)는 입력과 기준점(예: 완전히 검은 이미지나 평균 입력) 사이의 직선 경로를 따라 그래디언트를 적분하여 특정 입력 특징이 예측에 얼마나 기여하는지를 계산하는 기법이다. 이 기법은 모델의 비선형성을 고려하여 더 정확한 중요도 지도를 생성하며, 모델의 의사 결정 과정을 시각화하고 해석하는 데 도움을 준다. 그러나 누적 그래디언트는 인과관계를 완벽하게 보장하지 않으며, 기준점이나 경로 선택에 따라 결과가 달라질 수 있다.

유도 역전파(Guided Backpropagation)는 역전파 과정에서 ReLU(Rectified Linear Unit)와 같은 활성화 함수의 특성을 활용하여 중요도 지도를 생성하는 기법이다. ReLU는 입력이 0보다 작을 때 출력이 0이 되는 특성을 가지므로 유도 역전파에서는 음수 그래디언트를 0으로 만든다. 이를 통해 중요도가 낮은 부분의 영향력을 줄이고 모델이 주목하는 부분을 더욱 명확하게 시각화할 수 있다. 이미지 분류 모델의 경우, 유도 역전파는 모델이 이미지의 어느 부분을 보고 특정 클래스로 분류했는지를 시각적으로 해석하는 데 유용하게 활용된다.

입력 변화 기반 방법(Input Perturbation Methods)은 딥러닝 모델의 의사 결정 과정을 이해하기 위해 입력 데이터에 작은 변화를 주거나 특정 부분을 제거하고, 그로 인한 출력 변화의 영향을 분석하는 기법이다. 가림 민감도(Occlusion Sensitivity)는 이러한 방법 중 하나로, 이미지의 특정 영역을 가리고 모델의 예측 결과를 비교하여 해당 영역이 예측에 얼마나 중요한지 평가한다. 예를 들어 이미지 분류 모델에서 고양이 이미지의 눈 부분을 가렸을 때 모델이 고양이라고 예측하지 못한다면, 눈 부분이 고양이를 인식하는 데 중요한 역할을 한다고 판단할 수 있다.

어텐션 메커니즘

어텐션 메커니즘(Attention Mechanism)은 딥러닝 모델이 입력 데이터의 중요한 부분에 집중할 수 있도록 해 주는 강력한 기법이다(Vaswani, 2017). 이 메커니즘은 입력 데이터 전체의 관계를 학습하여 데이터의 중요한 부분에 더 많은 가중치를 부여함으로써 효율적인 학습과 예측을 가능하게 한다. 어텐션 메커니즘은 이미지 자체뿐 아니라 자연어 처리(NLP), 시퀀스 데이터, 이미지-텍스트 결합 작업 등 상호 작용이 많은 데이터 유형에서도 적용할 수 있다. CNN뿐만 아니라 트랜스포머(Transformer)나 다른 아키텍처에서도 널리 사용되며, 입력의 다양한 요소가 예측에 미치는 영향을 동적으로 조절하여 예측한다. 입력 데이터 간의 장거리 의존성을 잘 포착할 수 있어 이전 정보가 후속 정보에 미치는 영향을 효과적으로 반영할 수 있다.

어텐션 메커니즘은 쿼리(Query), 키(Key), 값(Value) 등 세 가지 요소로 구성된다. 쿼리는 현재 집중할 대상 정보를 나타내며, 키는 입력 데이터의 각 요소를 대표하고, 값은 키에 해당하는 실제 정보를 담고 있다. 쿼리와 키 간의 유사도를 계산하여 모델이 어떤 부분에 집중할지를 결정한다. 유사도는 보통 내적(dot product)과 같은 수학적 연산을 통해 측정되며, 이를 기반으로 가중치가 생성된다. 이 가중치는 각 값에 적용되어 가중 평균을 통해 최종 어텐션 값이 도출된다. 어텐션 값이 큰 부분은 모델의 결정에 더 큰 영향을 미친다는 것을 의미하며, 이를 통해 모델은 중요한 정보에 집중하고 덜 중요한 정보는 무시할 수 있다.

의료 AI에서도 어텐션 메커니즘은 중요한 역할을 한다. CT, MRI, X-ray와 같은 의료 이미지는 매우 복잡한 구조를 가지기 때문에, AI의 결정 과정을 해석하는 것이 어려울 수 있다. 의료 영상에서 AI의 결정 과정을 신뢰하고 활용하려면, 모델이 이미지의 어느 부분에 집중했는지를 이해하는 것이 중요하다. 어텐션 메커니즘을 통해 AI는 다양한 해부학적 구조나 병변 중 예측에 중요한 부분을 강조함으로써 그 과정이 보다 명확하게 해석되도록 돕는다. 이는 모델이 불필요한 잡음이나 중요하지 않은 영역을 배제하는 데에도 기여한다. 또한 어텐션 메커니즘은 모델이 잘못된 영역에 집중하고 있을 때 이를 쉽게 식별하고 모니터링할 수 있어, 의료 AI의 성능을 개선하는 데 유용하다.

중요도 지도, Grad-CAM, 어텐션 메커니즘 사이의 관계

중요도 지도는 모델이 특정 결정을 내리는 데서 어떤 입력 부분이 가장 큰 영향을 미쳤는지를 시각적으로 보여주는 개념을 포괄한다. Grad-CAM은 이러한 중요도 지도를 생성하는 대표적인 방법 중 하나로, 모델의 마지막 합성곱 층의 활성화 값과 특정 클래스에 대한 그래디언트를 결합해 중요도 지도를 생성한다. 즉, 중요도 지도는 포괄적인 개념이며 Grad-CAM은 이를 구현하는 구체적인 방법 중 하나라고 할 수 있다.

Grad-CAM은 마지막 합성곱 층의 정보만을 사용하기 때문에 더 깊은 층에서 발생하는 중요한 정보를 놓칠 수 있는 한계가 있다. 이에 반해 어텐션 메커니즘은 입력의 다양한 요소에 동적으로 가중치를 부여해 모델이 중요한 정보에 집중하도록 돕는 유연한 방법이다. 어텐션 값을 시각화하면 모델이 어느 부분에 집중하는지를 직관적으로 파악할 수 있으며, 이를 Grad-CAM과 결합해 더욱 정밀한 중요도 지도를 생성할 수 있다. 예를 들어 어텐션 값이 높은 부분에 더 큰 가중치를 부여하여 해당 영역이 중요도 지도에서 더욱 두드러지게 표현되도록 할 수 있다.

중요도 지도와 어텐션 메커니즘은 상호 보완 관계를 가지며 이들의 결합은 딥러닝 모델의 해석 가능성을 높이고 모델 성능을 향상시키는 데 중요한 역할을 한다.

참고문헌

Selvaraju, R., Cogswell, M., Das, A., et al.(2017). Grad-cam: Visual explanations from deep networks via gradient-based localization. InProceedings of the IEEE international conference on computer vision 2017, 618-626.

Simonyan, K., Vedaldi, A. & Zisserman, A.(2013). Deep inside convolutional networks: Visualising image classification models and saliency maps. arXiv preprint arXiv:1312.6034.

Vaswani, A.(2017). Attention is all you need. *Advances in Neural Information Processing Systems.*

Zhou, B., Khosla, A., Lapedriza, A., et al.(2016). Learning deep features for discriminative localization. InProceedings of the IEEE conference on computer vision and pattern recognition 2016, 2921-2929.

04

의료 AI 인허가 규제와 설명 가능한 의료 AI

의료 기기는 질병의 진단과 치료를 위해 사용되는 기구, 장치, 소프트웨어 등을 포함하며 안전성과 유효성을 검증하는 인허가 절차를 통해 사용이 승인된다. 본 장에서는 의료 소프트웨어의 한 유형인 의료 AI에 대해 미국, 유럽 연합, 일본, 중국, 한국의 규제 정책을 정리하고, 설명 가능한 AI의 중요성과 역할을 살펴본다.

AI와 사주?

미국과 유럽의 의료 AI 규제 동향

미국 식품의약청(FDA)은 2021년 AI 기반 소프트웨어 의료 기기(SaMD)에 대한 가이드라인을 발표하였다. 이 가이드라인의 주요 목표는 AI 기술의 의료 현장 도입을 위한 규제적 명확성을 제공하고, 안전하고 효과적인 의료기기를 개발할 수 있도록 지원하는 것이다. 특히 의료 제공자와 환자가 AI의 결과를 이해하고 신뢰할 수 있기 위해 AI 시스템의 결정 과정을 명확히 설명하도록 요구했다(FDA, 2021).

FDA는 위험 기반 접근법을 도입하여 의료 기기의 위험도에 따라 3등급으로 분류되며 규제 수준을 달리 적용한다. 저위험(1등급) 의료 기기는 간단한 소프트웨어가 해당하고, 대부분의 AI 기반 의료 기기는 중간 위험(2등급)에 속한다. 고위험(3등급) 의료 기기는 생명 유지에 필수적인 기기로, 가장 엄격한 시판 전 심사와 인허가 절차를 거친다. 1, 2등급은 비교적 간소화된 510(k) 또는 드 노보(De Novo) 절차를 통해 승인받는다. FDA는 시판 후에도 지속적인 모니터링을 통해 안전성 문제를 조기에 발견하고 해결하는 체계를 마련해 혁신적인 기술이 시장에 안정적으로 진입할 수 있는 환경을 조성하고 있다.

FDA는 의료 기기의 개발, 생산, 유통, 사용 등 전 과정에서 총체적 제품 라이프사이클(TPLC) 접근 방식을 도입하여 AI의 지속적인 안전성과 유효성을 보장하도록 요구한다. 특히 AI 시스템의 적응형 학습을 관리하고, 시스템이 어떤 데이터를 학습하며 모델이 어떻게 변화하는지 투명하게 설명할 것을 요구하고 있다. 또한 변화하는 과정에서도 모델의 설명 가능성은 일관되게 유지되어야 한다.

유럽 연합(EU)에서는 의료기기의 인허가와 규제가 CE 마크, 유럽의료기기규정, 유럽의약품청을 통해 이루어진다. 2017년 발효된 유럽의료기기규정은 고위험 의료기기에 대한 엄격한 규제와 통제를 강화해 AI 시스템의 안전성과 투명성을 보장한다(European Union, 2017). AI 기반 의료기기는 훈련 데이터와 알고리즘, 의사 결정의 논리적 근거를 명확히 제시해야 하며, 의료 제공자와 환자가 쉽게 이해할 수 있어야 한다. 유럽도 위험 기반 접근법을 채택하여 기기의 위험이 클수록 더 엄격한 규제 기준을 적용하고 있다(Bretthauer, 2023).

2024년 8월 1일 발효된 유럽 AI 법은 AI 시스템을 위험도에 따라 네 가지 카테고리로 분류하며, 의료 AI는 고위험 카테고리에 속한다(European Union, 2024). 고위험 AI 시스템은 의료 진단처럼 인간의 생명과 안전에 직접적으로 영향을 미칠 수 있는 시스템으로, 매우 엄격한 투명성, 설명 가능성, 데이터 품질 기준을 충족해야 한다. 제한된 위험 AI 시스템은 사용자에게 간접적으로 영향을 미치며 충분한 정보를 제공하고 오용 방지 조치를 해야 한다. 최소 위험 시스템은 스팸 필터링과 같은 간단한 자동화 시스템으로, 일반적인 법규만 준수하면 된다. 반면 사회적 신용 시스템처럼 인간의 권리를 침해할 수 있는 금지된 AI 시스템도 존재한다(강진원, 2024).

유럽 AI 법에 따른 의료 AI는 데이터 관리, 알고리즘의 투명성, 성능 모니터링 등 엄격한 요구 사항을 충족해야 하며, 이는 데이터 품질과 의사결정 과정을 투명하게 하여 의료 제공자와 환자가 AI의 결과를 신뢰할 수 있도록 보장한다. 또한 의료 AI는 정기적으로 평가되고 개선되어야 하며, 지속적인 성능 모니터링과 감사 절차가 필수적이다. 의료 종사자뿐만 아니라 환자에게도 AI 시스템에 대한 명확한 정보가 제공되어야 한다.

미국과 유럽은 의료 AI의 급격한 발전에 따라 안전성과 신뢰성을 보장하기 위한 규제 체계를 구축하고 있다. FDA와 EU는 위험 기반 접근법을 통해 의료 AI를 분류하고, 각 등급에 맞는 규제를 적용하고 있다. 특히 AI 시스템의 투명성과 설명 가능성을 강조하며, 지속적인 모니터링을 통해 안전성을 확보하려는 노력을 기울이고 있다. 그러나 AI 기술의 발전 속도가 매우 빠르기 때문에 규제가 기술 발전을 따라가기 어려운 측면도 있다.

일본, 중국, 한국의 의료 AI 규제 동향

일본은 의료 분야에서 AI 기술 도입을 적극적으로 추진하며 안전성과 신뢰성을 확보하기 위한 규제 체계를 구축하고 있다. 일본의 의료 기기 인허가는 의약품의료기기종합기구(PMDA)가 담당하며 AI 기반 의료 기기에도 동일하게 적용된다. 일본 정부는 환자 안전을 최우선으로 하여 AI가 제공하는 진단 및 치료 정보의 설명 가능성을 의료 AI 인허가의 핵심 요소로 강조한다. 아직 구체적인 법적 기준은 마련되지 않았으나 안전성 확보를 위한 원칙에 따라 AI 모델의 결정 과정에서 투명성을 요구하고 있다. 전통적으로 일본은 규정보다 가이드라인을 제시하는 방식을 통해 기업의 자율성을 보장하고 기술 발전에 유연하게 대응해 왔다(강진원, 2024). 그러나 최근에는 의료 AI의 안전성 우려가 커지면서 일본 역시 미국과 유럽처럼 AI 규제를 강화하는 움직임을 보인다.

중국은 전 세계적으로 의료 AI 기술 개발에 대한 투자와 관심이 높은 국가 중 하나로, 정부 주도의 강력한 규제 체계와 혁신 촉진 정책을 동시에 추진하며 독자적인 길을 걷고 있다(김송죽, 2022). 국가약품감독관리국은 의료 기기 규제를 총괄하며, 엄격한 심사 기준을 통해 AI 의료 기기의 안전성과 유효성을 확보하고 있다. 중국 정부는 혁신 촉진을 위해 연구 개발 투자를 확대하고 AI 기술 개발을 위한 특구를 지정하며 국가 차원의 프로젝트를 통해 기술 발전을 지원하고 있다. 규제와 혁신을 동시에 추구하는 중국의 독특한 접근 방식이 돋보인다. 또한 중국은 데이터 중심의 접근 방식으로도 차별화된다. 방대한 인구와 의료 데이터를 기반으로 AI 모델을 개발하고 이를 통해 정밀 의료를 실현하려 한다. 중국은 의료 데이터를 통합하고 공유할 수 있는 플랫폼을 구축하는 한편, 데이터 프라이버시 보호를 위한 규제도 강화하고 있다(강진원, 2024). 정부는 시장 중심의 규제 접근을 통해 AI 기술 상용화를 가속화하고 있다.

한국 식품의약품안전처는 AI 의료 기기의 안전성과 유효성 확보를 위해 엄격한 인허가 심사를 진행하고 있으며 특히 AI 모델의 설명 가능성을 강조하고 있다. 2020년에 발표된 인공지능 기반 의료 기기 허가 · 심사 가이드라인에 따르면, AI 시스템이 어떠한 근거로 의사 결정을 내리는지에 대한 투명성을 확보하고, 학습 데이터, 알고리즘, 성능 평가 방법 등을 상세히 제시하도록 요구하고 있다.

최근 발표된 신뢰할 수 있는 AI 의료기기 개발 안내서는 설명 가능성과 투명성을 더욱 강화하여(한국정보통신기술협회, 2023) 의료진과 환자가 AI의 의사 결정 과정을 쉽게 이해하고 신뢰할 수 있도록 지원하고 있다. 이는 AI 시스템의 성능 모니터링을 통해 실제 임상 환경에서의 안전성과 유효성을 지속적으로 검증하고, 인공지능의 의사 결정 과정을 사용자에게 명확하게 전달하여 의료 AI에 대한 수용성을 높이기 위한 노력의 일환이다. 따라서 AI 의료 기기 개발자는 모델의 성능뿐만 아니라 어떻게 모델이 특정 결과를 도출했는지에 대한 근거를 제시하고 이를 문서화해야 한다. 이를 통해 의료진은 AI의 의사 결정 과정을 신뢰하고 환자는 자신의 진단 결과에 대한 이해를 높일 수 있다.

의료 AI 규제의 도전 과제와 설명 가능한 AI의 역할

각국의 의료 AI 규제는 기술 혁신과 안전성 간의 균형을 유지하기 위해 다양한 규제와 가이드라인을 도입하고 있다(World Health Organization, 2023). 현재의 규제는 주로 정적 모델에 중점을 두고 있으며 개발된 AI 모델의 성능 평가와 승인에 초점을 맞춘다.

의료 AI는 실제 임상 환경에서 지속적으로 학습하고 변화하는 동적 시스템으로, 데이터 분포의 변화에 따라 모델의 성능이 변동될 수 있어 정적인 평가 방식으로는 안전성과 신뢰성을 확보하기 어렵다(Longo, 2024). 특히 실시간 학습을 통해 지속적으로 업데이트되는 AI 모델은 데이터 분포의 변화에 따라 모델의 예측 성능이 저하되는 모델 드리프트 현상이 발생할 수 있으며, 이는 의료 AI의 안전성을 위협하는 주요 요인이다.

설명 가능한 AI는 AI 모델의 의사 결정 과정을 투명하게 보여 줌으로써 모델 드리프트를 조기에 감지하고 데이터 편향을 수정하여 모델의 신뢰성을 높이는 데 기여한다. 또한 실시간 모니터링을 통해 모델의 성능을 지속적으로 평가하고, 필요한 경우 모델을 재학습하거나 수정하는 데 활용될 수 있다.

만약 의료 AI의 오류로 환자에게 피해를 입힌 경우, AI 개발자, 의료 기관, 그리고 규제 당국 간의 책임 소재를 명확히 규정하기 어려워 법적 분쟁으로 이어질 수 있다. 이는 의료 AI에 대한 신뢰를 저해하고 기술 발전을 저해하는 요인으로 작용할 수 있다. 설명 가능한 AI는 AI 의사 결정 과정과 그 근거를 명확하게 제공함으로써 책임 소재를 규명하고 AI 사용의 신뢰성을 높일 수 있다. 또한 설명 가능한 AI는 결정 과정의 투명성을 제공하여 국가 간의 상이한 의료 AI 규제 속에서도 국제적 협력을 촉진할 수 있다.

의료 AI는 환자의 생명과 직결되는 만큼 안전성과 신뢰성 확보를 위한 규제가 필수적이다. 하지만 규제가 너무 강화될 경우 혁신을 저해할 수 있으며 반대로 규제가 미흡할 경우 환자의 안전을 위협할 수 있다. 따라서 규제 당국은 기술 발전 속도를 고려하여 유연하고 효과적인 규제 체계를 구축해야 한다.

참고문헌

김송죽·유호근(2022.5). 시진핑 시기 중국 인공지능의 현황과 전략. ≪국제정치연구≫. *25*(1), 241-273.

강진원·김혜나(2024.2). EU 인공지능(AI) 규제 현황과 시사점. ≪정책브리프≫. 1-2.

식품의약품안전처(2020). 인공지능 기반 의료기기 허가·심사 가이드라인.

한국정보통신기술협회(2023). 『(2023) 신뢰할 수 있는 인공지능 개발 안내서: 의료분야』. 진한엠앤비.

Bretthauer, M., Gerke, S., Hassan, C., et al.(2023.6). The new

European Medical Device Regulation: balancing innovation and patient safety. *Annals of Internal Medicine, 176*(6), 844–848.

European Union(2017). Regulation(EU) 2017/745 of the European Parliament and of the Council of 5 April 2017 on medical devices.

European Union(2024. 4.5). Regulation(EU) 2024/1689 of the European Parliament and of the Council of 5 April 2024 on artificial intelligence. *Official Journal of the European Union.*

Food and Drug Administration.(2021). Software as a medical device(SaMD) clinical decision support: Guidance for industry and food and drug administration staff.

Longo, L., Brcic, M., Cabitza, F., et al.(2024.6.1). Explainable Artificial Intelligence (XAI) 2.0: A manifesto of open challenges and interdisciplinary research directions. *Information Fusion, 106,* 102301.

World Health Organization(2023.10.19). Regulatory considerations on artificial intelligence for health. World Health Organization.

05
우연을 혁신으로, 기회진단 AI

기회학습은 예상치 못한 상황이나 데이터에서 숨겨진 가치를 발견해 새로운 지식을 습득하는 방법이다. 의료 분야에 기회학습을 적용한 기회진단 AI는 기존 의료 데이터 속에서 숨겨진 패턴이나 징후를 발견하여 새로운 바이오마커를 탐색하는 혁신적인 접근법이다. 기회진단 AI는 데이터 탐색을 통해 우연한 발견을 과학적 성과로 전환시키는 데 중요한 역할을 한다.

AI와 아이돌?

AI가 찾아내는 새로운 가능성, 기회학습

기회학습(Opportunistic Learning)은 예상치 못한 상황이나 데이터에서 숨겨진 가치를 발견해 새로운 지식을 습득하고 모델의 성능을 지속적으로 향상시키는 학습 방법이다. 이는 마치 탐험가가 미지의 땅을 탐험하며 새로운 자원을 발견하는 것과 같다. 기회학습은 AI 시스템을 유연하고 적응적으로 발전시키는 데 핵심적인 역할을 하며, 특히 동적이고 복잡한 환경에서 큰 강점을 발휘한다.

기회학습은 금융, 제조, 에너지 등 다양한 분야에서 활용된다. 예를 들어, 금융 분야에서는 시장의 변동성을 실시간으로 분석해 투자 결정을 최적화하고, 고객의 거래 패턴이나 예상치 못한 경제 사건을 분석해 새로운 트렌드를 감지함으로써 더 정교한 예측을 수행할 수 있다.

의료 분야에서 기회학습은 새로운 진단 설루션 개발에 기여할 수 있다. 기존 AI 시스템은 환자의 과거 진료 기록과 예상 증상을 바탕으로 진단을 내리지만, 기회학습은 예기치 않은 증상이나 데이터를 실시간으로 받아들여 기존에 발견되지 않았던 문제를 더 정확히 진단할 수 있다. 또한 질병 예측과 의학 연구에서도 기회학습은 중요한 역할을 한다. 우연히 발견된 데이터를 통해 질병 발생 가능성을 예측하거나 조기 경고를 발하는 모델을 개선할 수 있으며, 희귀 질환자의 비정형적 증상이나 새로운 데이터를 학습해 기존에 없던 진단법을 찾아내거나 질병 진행 과정을 미리 파악하는 가능성을 제공한다.

기회진단 AI와 새로운 바이오마커 탐색

기회진단(Opportunistic Screening)은 예상치 못한 상황에서 수집된 의료 데이터를 분석하여 숨겨진 질병을 조기에 발견하는 능동적인 진단 방식이다. 이는 정기적인 건강 검진에서 발견하기 어려운 미세한 변화나 새로운 바이오마커를 찾아내어 질병의 조기 진단 및 예방에 기여할 수 있다(Pickhardt, 2023).

기회학습을 적용한 기회진단 AI는 대량의 의료 데이터를 신속하게 분석하고, 복잡한 패턴을 인식하여 새로운 질병 진단 마커를 발견하는 데 탁월하다. 특히 개인 맞춤형 진단을 위해 다양한 생체 데이터를 통합하고 분석하여 환자의 건강 상태를 더욱 정확하게 파악할 수 있다. 기존 검진 결과를 단순히 해석하는 것을 넘어 혈액 검사나 이미지 데이터에서 식별되지 않았던 패턴이나 징후를 발견해 질병을 조기에 진단하거나 새로운 건강 지표를 개발하는 데 활용될 수 있다.

기회진단 AI가 새로운 바이오마커를 탐색하려면 다양한 건강 데이터를 포괄적으로 수집해야 한다. 이 데이터는 전통적인 검진 결과뿐만 아니라 웨어러블 기기나 모바일 애플리케이션에서 수집된 정보도 포함된다. 안저사진, 흉부 X-ray, 심박수, 혈당 수치, 활동량 등 다양한 원천에서 수집된 데이터들 간의 숨겨진 패턴과 상관관계는 기계학습 알고리즘을 활용해 분석된다. 이를 통해 기존에 알려지지 않았던 새로운 바이오마커를 개발할 수 있다. 이후 확증 임상 시험을 통해 유효성이 검증되면, 기회진단 AI는 규제 기관의 승인을 받아 실제 임상에 적용될 수 있다.

안저 영상 분석은 기회진단 AI의 대표적인 성공 사례로 꼽힌다. 안저 영상은 원래 눈 질환을 진단하는 데 주로 사용되었으나 이제는 안과 영역을 넘어 다양한 질병을 조기에 진단할 수 있는 수단으로 확장되고 있다. 눈은 혈관 건강의 '창'으로 불리며, 안저 영상을 통해 동맥경화와 같은 심혈관 질환의 조기 징후를 발견할 수 있다(Chang, 2020). 기존에는 경동맥 초음파나 심장 CT와 같은 고가의 전문적인 검사를 통해서만 확인할 수 있었던 경동맥경화와 관상동맥경화를 안저 기반 동맥경화 진단 AI 설루션을 통해 저렴하게 진단할 수 있게 되었다.

이 외에도 안저 사진을 활용하여 빈혈의 징후나 만성 신장 질환 위험을 감지하는 AI도 개발되고 있다.

기회진단 AI 개발과 설명 가능한 AI

설명 가능한 AI는 기회진단에서 새로운 바이오마커의 임상적 유용성을 평가하고, 의료진과 규제 기관의 신뢰를 얻는 데 필수적인 역할을 한다(Zhang, 2022). 설명 가능한 AI는 특정 바이오마커가 질병의 발생이나 진행과 어떤 관련이 있는지를 이해하는 데 도움을 준다. 설명 가능한 AI에서 사용되는 다양한 지표와 결과들은 바이오마커의 예측 성능과 신뢰도를 정량적으로 평가하는 데 활용된다. 이를 통해 의료진은 해당 바이오마커의 임상적 의미를 명확히 이해하고 과학적 근거에 기반하여 진단 및 치료에 적용할 수 있는지를 판단할 수 있다(DeGrave, 2023).

특히 규제 기관의 입장에서 설명 가능한 AI는 새로운 바이오마커 기반 진단 기술의 승인 여부를 결정하는 데 중요한 역할을 한다(Birhane, 2024). AI 모델의 작동 원리를 명확히 이해함으로써 규제 기관은 해당 기술의 안전성과 유효성을 평가하고 임상 현장에서의 사용을 허가할 수 있다.

기회진단 AI를 활용하여 새로운 바이오마커를 발굴하고 그 유용성을 평가하는 과정에서 설명 가능한 AI는 바이오마커와 질병 간의 관계를 설명하고, 예측 성능과 신뢰도를 정량적으로 평가하여 AI 모델의 투명성을 확보하는 중요한 역할을 수행한다.

참고문헌

Birhane, A., Steed, R., Ojewale, V., et al.(2024.4.9). AI auditing: The broken bus on the road to AI accountability. In2024 IEEE Conference on Secure and Trustworthy Machine Learning(SaTML), 612-643.

Chang, J., Ko, A., Park, S., et al.(2020.9.1). Association of cardiovascular mortality and deep learning-funduscopic atherosclerosis score derived from retinal fundus images. *American journal of ophthalmology, 217,* 121-130.

DeGrave, A., Cai, Z., Janizek, J., et al.(2023.12.28). Auditing the inference processes of medical-image classifiers by leveraging generative AI and the expertise of physicians. *Nature Biomedical Engineering,* 1-3.

Pickhardt, P.,, Summers, R., Garrett, J., et al.(2023.5.23). Opportunistic screening: radiology scientific expert panel. *Radiology, 307*(5), e222044.

Zhang, C., Cho, S., Vasarhelyi, M.(2022.9.1). Explainable artificial intelligence (xai) in auditing. *International Journal of Accounting Information Systems, 46,* 100572.

06

파운데이션 모델과 다중 모달리티 의료 AI

의료진은 환자의 의료 영상, 의무 기록, 혈액 검사 결과, 유전자 정보, 음성, 생체 정보 등 방대한 양의 다양한 데이터를 종합하여 진단과 치료 계획을 수립한다. 이처럼 복잡하고 방대한 데이터를 효과적으로 분석하고 의미 있는 정보를 도출하기 위해 파운데이션 모델 기반의 다중 모달리티 의료 AI가 주목받고 있다.

AI와 야구?

파운데이션 모델과 다중 모달리티 AI

파운데이션 모델은 대규모 데이터를 사전 학습하여 다양한 작업을 수행할 수 있는 범용적인 인공지능 모델이다. 기존 AI 모델이 특정 작업에 특화된 것과 달리, 파운데이션 모델은 여러 분야에 적용할 수 있는 잠재력을 가지고 있다. 최근 연구(Reed, 2022)에서는 파운데이션 모델이 대화, 이미지 생성, 게임 플레이 등 다양한 작업을 수행하는 '일반주의 에이전트'로 발전하고 있음을 보여주었다. 이러한 발전은 의료 분야에서도 파운데이션 모델과 다중 모달리티 AI의 활용 가능성을 높이며, 의료 AI 연구에 새로운 동력을 불어넣고 있다.

다중 모달리티 AI는 텍스트, 이미지, 음성 등 다양한 형태의 데이터를 동시에 처리하여 더 풍부하고 정확한 정보를 얻고자 하는 기술이다. 예를 들어, 이미지 속 물체를 설명하는 텍스트를 생성하거나 음성 명령을 통해 이미지를 검색하는 작업 등이 가능하다. 그러나 각 모달리티 데이터는 서로 다른 특징과 분포를 가지므로 이를 통합하는 과정에서 정보 손실이 발생할 수 있다. 또한 방대한 양의 데이터를 학습하기 위해 많은 컴퓨팅 자원과 시간이 필요하다.

이러한 문제를 해결하기 위해 파운데이션 모델을 활

용한 전이 학습, 데이터 증강 기법 등 다양한 연구가 진행되고 있다. 파운데이션 모델은 대규모 데이터를 사전 학습하여 다양한 작업에 활용될 수 있는 기반 모델로, 다중 모달리티 AI는 이를 바탕으로 여러 모달리티를 통합하는 학습을 진행해 더욱 강력한 성능을 발휘할 수 있다.

다중 모달리티 의료 AI를 개발할 때 기존의 일반 파운데이션 모델을 활용할 수 있지만 의료 데이터는 다른 분야와는 다른 특징을 가지고 있어 의료 전용 파운데이션 모델이 더 적합할 수 있다(Moor, 2023). 의료 데이터에는 복잡한 전문 용어와 다양한 약어가 포함되어 있어 일반인이 이해하기 어렵고, 모델이 정확하게 의미를 파악하기 어려운 특성이 있다. 또한 의료 데이터는 특정 질병에 대한 데이터가 부족하거나 특정 인종이나 성별에 편향된 데이터가 포함될 수 있어 데이터 불균형 문제도 존재한다. 의료 결정은 환자의 생명과 직결되므로 모델의 예측 결과에 대한 의학적 신뢰도가 매우 중요하다. 이러한 특징들을 고려할 때 일반적인 파운데이션 모델보다 의료 분야에 특화된 모델이 필요하다. 의료 전용 파운데이션 모델은 의료 데이터에 대한 심층적인 이해를 바탕으로 더욱 정확하고 신뢰할 수 있는 예측 결과를 제공하며, 모델의 판단 근거를 명확히 설명하여 의료 전문가들이 모델의 결과를 신뢰하고 활용할 수 있도록 지원한다.

현재까지 대부분의 의료용 파운데이션 모델은 서구 사회의 데이터를 기반으로 학습되었다. 서구 중심의 데이터로 학습된 모델은 한국인의 특성과 의료 환경을 충분히 반영하지 못하며 인종적 차이, 유전적 요인, 질병 패턴 등에서 발생하는 차이를 제대로 포착하지 못할 수 있다. 이는 성능 저하나 데이터 편향 문제를 초래할 수 있다. 따라서 한국형 의료 파운데이션 모델 개발은 데이터 주권을 확보하고, 의료 AI 기술의 글로벌 경쟁력을 갖추기 위해 중요한 과제다.

하지만 한국형 의료 파운데이션 모델 개발에는 몇 가지 어려움이 있다. 우선, 양질의 의료 데이터를 확보하기 어려운 상황이며 데이터 간 표준화가 부족해 데이터의 질이 저하되는 문제가 발생한다. 또한 대규모 모델 학습을 위한 고성능 컴퓨팅 자원이 부족하고 의료 AI 분야의 전문 인력 또한 부족하여 모델 개발과 운영에 어려움을 겪고 있다. 이를 해결하기 위해서는 정부 차원에서 의료 데이터 공유 플랫폼 구축, 인프라 투자, 전문 인력 양성 등을 지원해야 한다. 아울러 정부, 의료기관, IT 기업 등 다양한 주체가 협력하여 데이터 공유, 모델 개발, 상용화 등을 추진해야 한다.

다중 모달리티 의료 AI, 혁신적인 진료 지원 시스템

다중 모달리티 의료 AI는 영상, 텍스트, 생체 신호 등 다양한 유형의 의료 데이터를 통합하여 분석하고, 복잡한 임상 상황을 정확히 이해하는 데 중요한 역할을 한다(Acosta, 2022). 이는 단순한 질병 진단을 넘어 개인 맞춤형 치료 계획 수립, 예후 예측, 그리고 의료 시스템의 전반적인 효율성 향상에 기여한다.

다중 모달리티 의료 AI는 여러 종류의 데이터를 포괄적으로 분석하여 환자의 상태를 종합적으로 평가하고 질병의 원인과 진행 과정을 더욱 정확하게 파악할 수 있다. 예를 들어 영상 판독 과정에서 다중 모달리티 의료 AI는 환자의 병력을 종합적으로 고려하여 분석의 정확도를 높인다. 단순히 이상 부위를 지적하는 데 그치지 않고 정상 부위에 대한 설명도 함께 제공하여 전체적인 임상 맥락을 이해할 수 있도록 돕는다. AI는 이미지에서 특정 부위를 강조하여 시각적으로 제시하는 기능을 갖추고 있어 의료진이 필요한 정보를 직관적으로 파악할 수 있게 한다.

또한 다중 모달리티 의료 AI는 자연어 처리 기반의 질의응답 기능을 통해 의료진의 질문에 실시간으로 답변하며 필요한 정보를 신속하게 제공할 수 있다. 예를 들어 의료진이 "이전 영상에 없던 새로운 폐결절 병변을 찾아볼 수 있나요?"라고 질문하면, AI는 해당 병변을 강조 표시하고 관련 데이터를 신속하게 제공하여 정밀한 진단을 돕는다(Moor, 2023). 또한 "이 CT 영상에서 종양이 농양일 가능성이 있나요?"라고 질문하면, AI는 데이터를 신속히 분석하고 정확한 답변을 제공할 수 있다. 이는 텍스트, 이미지, 검사 결과 등을 동시에 처리하여 환자의 병력과 최신 검사 결과를 종합적으로 분석함으로써 포괄적이고 정밀한 진단을 가능하게 한다.

다중 모달리티 의료 AI는 개인 맞춤형 치료 계획 수립에도 큰 기여를 한다. 환자의 유전체 정보와 임상 기록을 결합하여 개인에게 최적화된 치료 방안을 제시하며, 다양한 데이터를 기반으로 예후를 예측하고 질병의 경과를 평가함으로써 최적의 치료 전략을 수립할 수 있다. 예를 들어 방대한 의료 데이터베이스에서 정보를 검색하고 최적화한 의료 AI는 "최근 심한 흉부 외상으로 입원한 환자에게서 급성 호흡곤란 증후군이 발생할 가능성이 높다"는 구체적이고 즉각적인 경고를 신속하게 제공할 수 있다. 이는 임상 의사 결정 과정에서 중요한 요소로 작용하며, 의료진이 더 신속하고 정확한 결정을 내릴 수 있게 한다.

수술 및 시술 지원에서도 다중 모달리티 의료 AI는 중요한 역할을 한다. 수술 중 실시간 이미지를 분석해 의료진에게 중요한 정보를 제공하여 수술의 정확성을 높이며, 내시경 및 초음파 영상 분석을 통해 병변을 정확하게 진단하고 시술의 성공률을 높인다. 예를 들어 의료진이 놓쳤을 가능성이 있는 장 파열 부위를 실시간으로 감지하거나 누락된 단계를 식별해 수술의 안전성과 정확성을 강화할 수 있다. 또한 환자의 상태를 실시간으로 모니터링하여 이상 징후를 조기에 발견하고 신속하게 대처할 수 있도록 한다.

마지막으로 다중 모달리티 의료 AI는 의료진과 환자 간의 소통을 효율화한다. AI는 음성을 텍스트로 변환하여 의료진과 환자 간의 대화를 자동으로 기록하고 필요한 정보를 추출할 수 있게 하며(Moor, 2023), 복잡한 의료 용어를 이해하고 이를 환자에게 쉽게 전달할 수 있는 방식으로 설명함으로써 의료진의 기록 업무를 줄이는 데 기여한다. 예를 들어 의료 기록과 검사 결과를 바탕으로 보고서 초안을 자동 생성하여 의료진이 간편하게 검토하고 수정할 수 있게 하여 행정 업무의 부담을 크게 경감시킨다.

앞으로 다중 모달리티 의료 AI는 인공지능과 의료의 융합을 통해 더욱 발전하여 질병 예측, 맞춤형 치료, 건강 관리 등 다양한 분야에서 혁신을 가져올 것으로 기대된다.

다중 모달리티 의료 AI의 한계와 설명 가능한 AI의 역할

다중 모달리티 의료 AI는 다양한 데이터 유형과 복잡한 모델 구조를 통해 높은 성능을 보이지만 몇 가지 한계점이 존재한다.

우선, 모델의 복잡성으로 인해 검증이 어려운 점이 있다. 기존 의료 AI 모델과 달리 다양한 모달리티를 통합하고 복잡한 추론 과정을 거치는 다중 모달리티 모델은 그 결정 과정을 명확히 이해하기 어렵다. 이는 의료진이 AI의 결과를 신뢰하고 활용하는 데 장애가 될 수 있다. 이 문제를 해결하기 위해 다학제적 전문가 패널이 다중 모달리티 의료 AI의 결정을 공동으로 판단하고 검증하는 과정이 필요할 수 있다. 또한 AI 예측 근거가 되는 연구 결과나 문헌을 함께 제시하여 결과의 신뢰성을 높이는 방식도 매우 유용하다.

파운데이션 모델의 오류 전파 문제도 존재한다. 다중

모달리티 의료 AI의 토대가 되는 파운데이션 모델은 다양한 하위 애플리케이션에 유연하게 적용될 수 있지만, 파운데이션 모델에 존재하는 오류는 이를 기반으로 한 여러 애플리케이션에 연쇄적으로 영향을 미쳐 예기치 않은 결과를 초래할 수 있다. 이로 인해 모델의 오류가 여러 분야에 걸쳐 확산될 수 있으므로 신중한 검토와 지속적인 모니터링이 필요하다.

이러한 문제를 해결하기 위해 설명 가능한 AI 기술이 주목받고 있다. 기존에 활용되는 어텐션 메커니즘, 국소 모델-비특이적 설명(LIME), 셰플리 가법 설명(SHAP) 등의 기술이 다중 모달리티 의료 AI에도 적용되고 있다. 그러나 여전히 다중 모달리티의 복잡한 구조를 쉽게 이해할 수 있도록 설명하는 기법은 제한적이기 때문에 이를 개선하기 위한 연구와 기술 개발이 필요하다(Longo, 2024).

다중 모달리티 의료 AI의 신뢰성을 높이기 위한 구체적인 노력도 중요하다. 데이터 품질 관리를 통해 고품질의 의료 데이터를 확보하고 전처리 과정에서 오류를 최소화해야 한다. 다양한 평가 지표를 활용하여 모델의 성능을 객관적으로 평가하고 오류를 분석함으로써 모델의 한계점을 파악할 수 있다. 의료 환경이 지속적으로 변화하는 만큼, 모델을 꾸준히 학습하고 업데이트하여 성능을 유지해야 하며 의료 전문가, 컴퓨터 과학자, 인공지능 전문가 등 다양한 분야의 전문가들이 협력하여 모델을 개발하고 검증해야 한다.

결론적으로 다중 모달리티 의료 AI는 의료 분야에서 혁신을 가져올 잠재력이 크지만 모델의 복잡성과 설명 가능성의 문제를 해결해야 한다. 이를 위해 데이터 품질 관리, 모델 검증, 다학제적 협력 등의 노력이 중요하며 신뢰할 수 있는 의료 AI 시스템을 구축하는 데 집중해야 한다.

참고문헌

Acosta, J., Falcone, G., Rajpurkar, P., et al.(2022). Multimodal biomedical AI. *Nature Medicine. 28*(9), 1773-1784.

Longo, L., Brcic, M., Cabitza, F., et al.(2024). Explainable Artificial Intelligence(XAI) 2.0: A manifesto of open challenges and interdisciplinary research directions. *Information Fusion, 106,* 102301.

Moor, M., Banerjee, O., Abad, Z., et al.(2023). Foundation models for generalist medical artificial intelligence. *Nature. 616*(7956), 259-265.

Reed, S., Zolna, K., Parisotto, E., et al.(2022.5.12). A generalist agent. arXiv preprint arXiv:2205.06175.

07

생성 의료 AI, 헬스케어 챗봇과 신약 개발 AI

생성 AI(Generative AI)는 대량의 데이터를 기반으로 새로운 콘텐츠와 정보를 창출하는 기술이다. 기존의 AI 기술이 데이터를 분석하고 예측하는 데 집중했다면, 생성 AI는 새로운 정보를 생성하고 창의적인 작업을 수행할 수 있는 능력을 갖추고 있다. 의료 분야에서 생성 AI는 헬스케어 챗봇, 의료 콘텐츠 생성, 신약 개발 등에 활용되며 혁신적인 변화를 가져오고 있다.

AI와 윤동주?

생성 의료 AI, 환자를 위한 똑똑한 챗봇으로

헬스케어 챗봇은 AI 기술의 발전과 의료 시스템의 자동화 및 디지털화 필요성 증가에 따라 등장했다. 인구 고령화, 만성 질환의 증가, 의료 서비스 접근성 문제로 디지털 헬스케어 설루션의 필요성이 커짐에 따라 헬스케어 챗봇은 환자와 의료진 간의 상호 작용을 지원하고 의료 서비스의 효율성을 높이는 중요한 도구로 발전했다. 헬스케어 챗봇은 자연어 처리(NLP)와 기계 학습을 기반으로 구축되어, 대화형 인공지능 시스템을 통해 환자의 질문에 답하거나 의료 정보를 제공한다. 초기의 단순한 규칙 기반 챗봇은 고정된 응답만을 제공했지만 최근에는 생성 AI 기반의 대화형 시스템으로 진화하여 보다 자연스럽고 유연한 상호작용을 가능하게 하는 맥락 기반 인터페이스로 발전하고 있다.

생성 AI를 활용한 헬스케어 챗봇은 사용자에게 개인화된 건강 관리 서비스를 제공하며, 대화형 인터페이스를 통해 맞춤형 건강 정보를 제공하고 질병 예방과 관리에 도움을 준다. 또한 의료 기관과의 연계를 통해 진료 예약과 사후 관리 지원이 가능하다(Dingler, 2021). 헬스케어 챗봇의 주요 기능 중 하나는 증상 체크와 질병 예측이다(Rollwage, 2024). 사용자가 입력한 증상 정보를 분석하여 가능한 질병을 예측하고 적절한 조치를 안내할 수 있다. 예를 들어 사용자가 "머리가 아프고 구역질이 나요"라고 입력하면, 챗봇은 이 정보를 기반으로 가능한 질병을 추정하고, 필요시에 전문가와의 상담을 권장하거나 의료 기관에 예약을 지원할 수 있다.

또한 헬스케어 챗봇은 사용자가 스스로 건강을 관리할 수 있도록 돕는 중요한 도구로 질병 정보, 예방 방법, 건강 관리 노하우 등을 제공한다. 예를 들어 당뇨병 환자를 위한 챗봇은 사용자의 식사 기록과 혈당 수치를 모니터링하여 맞춤형 조언을 제공한다. 이러한 기능은 환자가 자신의 건강을 보다 효과적으로 관리할 수 있도록 도와준다.

헬스케어 챗봇은 만성 질환과 정신 건강 관리에서도 중요한 역할을 한다. 만성 질환을 가진 환자들은 지속적인 건강 관리가 필요하고, 챗봇은 약 복용 알림, 운동 계획 제안, 식이 조절 등을 통해 건강 관리를 지원한다. 또한 병원 예약, 진료 상담, 처방전 발행 등 다양한 의료 서비스를 연결해 주며, 당뇨병이나 고혈압과 같은 만성 질환 환자들에게는 지속적인 관리와 맞춤형 조언을 제공한다. 정신 건강 관리 측면에서도 챗봇은 심리 상담과 스트레스 관리 기법 등을 제공하여 사용자의 정신적 건강을 지원한다. 예를 들어 당뇨병 환자를 위한 앱은 단순히 혈당 수치를 기록하는 것 외에도 식사 전후에 찍은 사진을 분석하여 자동으로 식단을 추적하고 맞춤형 조언을 제공할 수 있다(Moor, 2023).

그러나 생성 의료 AI 기반의 헬스케어 챗봇을 도입할 때는 몇 가지 중요한 과제가 존재한다. 우선, 의료 정보의 정확성과 신뢰성이 매우 중요하다. 챗봇이 제공하는 정보가 부정확하거나 신뢰할 수 없다면 오진이나 부적절한 치료로 이어질 수 있다. 또한 학습 데이터에 편향이 존재할 경우 챗봇이 편향된 정보를 제공할 가능성도 있어 잘못된 의료 조언을 할 수 있다. 책임 소재 문제도 큰 과제다. 챗봇이 제공한 정보를 바탕으로 환자가 잘못된 결정을 내렸을 경우, 그 책임을 명확히 규정하기 어려운 점이 있다. 또한 환자의 민감한 건강 정보를 다루는 만큼 데이터 보안과 프라이버시 보호에 대한 우려가 커지고 있다. 이를 위해 철저한 보안 대책이 필요하다.

헬스케어 챗봇은 의료 전문가와의 협력을 필수적으로 요구한다. 챗봇은 의료 전문가를 완전히 대체할 수 없으며, 필요할 경우 전문가와 협력하여 환자가 정확한 진단과 치료를 받을 수 있도록 해야 한다. 생성 의료 AI가 제공하는 정보는 환자의 상태를 보조하는 도구로 활용되어야 하며 최종 결정은 항상 전문가의 판단에 의존해야 한다.

미래에는 더욱 정교한 대화 모델과 대규모 언어 모델을 기반으로 한 자연스러운 상호 작용이 가능해질 것이다. 또한 텍스트뿐만 아니라 이미지, 음성 등 다양한 모달리티를 지원하여 더욱 풍부한 상호 작용이 가능해질 것이다. 이러한 기술 발전은 의료 분야에서 신뢰성 있는 정보를 제공하고, 인간과 AI가 협력하여 보다 효율적인 작업을 수행할 수 있는 기반을 마련하고 있다.

신약 개발의 혁신을 이끄는 생성 AI

신약 개발은 높은 실패 위험을 동반하지만 성공 시 막대한 부가 가치를 창출하는 '하이 리스크, 하이 리턴' 산업이다. 신약 하나를 개발하는 데 평균 10년 이상이 소요되며, 비용은 수천억 원에서 수조 원에 이르기 때문에 매우 도전적인 분야로 평가된다. 이러한 장벽을 극복하기 위해 최근 생성 AI 기술이 신약 개발에 혁신적인 변화를 가져오고 있다. 생성 AI는 대규모 데이터를 분석하고 학습하여 새로운 화합물이나 약물 후보 물질을 설계하는 데 탁월한 능력을 발휘한다. 이는 신약 개발 초기 단계에서 후보 물질 발굴과 최적화 과정을 가속화하는 데 중요한 역할을 한다. 또한 기존에 승인된 약물을 새로운 질병 치료에 적용할 가능성을 탐색하는 데도 큰 도움이 된다.

생성 AI는 생물학적 표적과 잘 결합하는 새로운 약물을 설계하고, 단백질 서열을 학습하여 항체 설계 및 개발에도 기여하고 있다. 전통적인 방식보다 빠르고 효율적인 약물 설계를 가능하게 하여 신약 개발 전 과정을 단축하고 비용을 절감하며 성공 가능성을 높이는 잠재력을 가지고 있다.

신약 개발의 큰 난제 중 하나는 효과적인 약물 후보를 발굴하는 것이다. 단백질은 신체의 중요한 구성 요소로 다양한 생리적 기능을 담당하며, 그 구조를 정확히 파악할 경우 약물의 작용 메커니즘을 이해하는 데 큰 도움이 된다. 기존의 단백질 구조 예측 방법으로는 X선 결정학, 핵자기 공명 분광법, 극저온 전자 현미경 등이 있다. 이러한 방법들은 높은 정밀도를 제공하지만 시간이 많이 소요되고 비용이 많이 들며 특정 단백질에만 적용이 가능하다는 한계가 있다.

이러한 상황에서 딥마인드의 알파폴드가 획기적인 성과를 거두었다. 알파폴드 2는 단백질 접힘 문제를 정교하게 해결하여 신약 개발에 중대한 변화를 일으켰다(Jumper, 2021). 최근에는 알파폴드 3이 거의 모든 분자

간 상호 작용을 예측할 수 있는 능력을 갖추어, 약물 설계에 필요한 더 정확한 정보를 제공하고 있다. 또한 스테이빌리티 AI의 ProGen은 기존 단백질 서열을 학습해 새로운 단백질 서열을 생성할 수 있으며, 메타 AI의 ESM-1b 모델은 단백질 서열을 분석하여 그 기능을 예측하는 데 뛰어난 성능을 보인다. 이러한 AI 기술들은 새로운 단백질 표적을 발견하고 신약 개발 속도를 크게 향상시키고 있다. 특히 알파폴드를 개발한 딥마인드 연구진과 로제타폴드(Baek, 2021)를 개발한 데이비드 베이커는 2024년 노벨 화학상을 수상하며 그들의 혁신적인 기여가 세계적으로 인정받았다.

하지만 AI의 결과 도출 과정에 대한 불투명성은 여전히 비판을 받고 있다. 과학의 핵심은 원인과 결과를 명확히 이해하는 것인데, 현재의 AI는 도출 과정을 명확하게 설명하지 못하고 결과만을 제공하는 경우가 많다. AI가 연구 도구로서 매우 유용하더라도, 그 결과를 도출하는 과정을 명확히 이해하고 작동 원리와 메커니즘을 규명하는 노력이 필요하다. AI가 단순한 블랙박스로 남지 않기 위해서는 AI가 제시한 분자 구조나 치료 방법이 왜 효과적인지에 대한 설명이 중요하다. 이를 위해 설명 가능한 AI 연구가 점차 강조되고 있으며 이를 통해 연구자들은 AI 결과를 더욱 신뢰하고 잠재적 문제를 미리 파악하여 해결할 수 있다.

각국의 규제 기관은 AI를 활용한 약물 개발과 임상 시험에서 설명 가능성을 요구하고 있으며 AI가 분석한 데이터가 임상적 맥락에서 적합한지 평가하고 있다(Nene, 2024). 따라서 신약 개발에서 생성 AI와 설명 가능한 AI의 결합은 성공 가능성을 높이고 더 나은 치료 옵션을 제공하는 데 중요한 역할을 할 것이다.

참고문헌

Baek, M., DiMaio, F., Anishchenko, I., et al.(2021.8.20). Accurate prediction of protein structures and interactions using a three-track neural network. Science. 373(6557), 871-876.

Dingler, T., Kwasnicka, D., Wei, J., Gong, E., et al.(2021.8). The use and promise of conversational agents in digital health. Yearbook of Medical Informatics, 30(01), 191-199.

Jumper, J., Evans, R., Pritzel, A., et al.(2021.8). Highly accurate protein structure prediction with AlphaFold. Nature. 596(7873), 583-589.

Moor, M., Banerjee, O., Abad, Z., Krumholz, H., Leskovec, J. Topol, E., Rajpurkar, P.(2023.4.13). Foundation models for generalist medical artificial intelligence. Nature. 616(7956), 259-265.

Nene, L., Flepisi, B., Brand, S., et al.(2024.7.8.). Evolution of drug development and regulatory affairs: the demonstrated power

of artificial intelligence. Clinical Therapeutics.
Rollwage, M.,Habicht, J., Juchems, K., et al.(2024.1.1). Conversational AI facilitates mental health assessments and is associated with improved recovery rates. BMJ Innovations, 10, 1–2.

08
반사실적 생성 AI, 설명 가능한 AI로 가는 새 길

사례 및 반례 생성을 통한 반사실적 설명은 AI의 결정 과정을 직관적으로 이해하는 데 매우 유용하다. 반사실적 생성 AI는 다양한 시나리오에 따라 사례를 효율적으로 생성할 수 있어 차세대 설명 가능한 의료 AI 기술로 주목받고 있다.

AI와 한의학?

실용주의적 설명 이론

설명이란 복잡하거나 추상적인 개념, 현상, 또는 과정을 명확하고 체계적으로 전달하여 사람들이 이를 이해하도록 돕는 과정이다. 이 과정은 단순히 정보를 제공하는 것이 아니라 그 정보가 어떻게 서로 연결되어 있고 왜 중요한지를 이해시키는 데 중점을 둔다.

우리가 이해에 도달했다고 느끼는 것은 여러 요소가 결합한 결과다. 정보가 명확하게 전달되고, 이 정보가 기존의 지식과 적절하게 연결될 때 진정한 이해가 이루어진다. 새로운 정보가 기존 개념과 잘 통합되면 수용과 이해가 용이해진다. 이 과정에서 설명을 제공하는 사람의 의사소통 능력도 중요한 역할을 한다. 직관적이고 명료한 설명, 그리고 적절한 맥락과 배경 정보를 제공할 때 이해가 더 잘 촉진된다(Keil, 2006). 또한 반복적인 학습과 피드백을 통해 이해는 강화된다. 여러 번 설명을 듣거나 실질적인 사례를 접하면서 점차 깊이 있는 이해가 형성된다.

실용주의적 설명 이론은 설명의 효과성을 청중의 이해도와 맥락에 따라 평가하는 이론이다. 이 이론에 따르면 설명의 주요 목적은 단순히 정보를 전달하는 것이 아니라 청중이 그 정보를 실제로 이해하고 적용할 수 있도록 돕는 데 있다. 설명의 효과는 정보가 얼마나 명확하게 전달되었는지, 그리고 청중이 각자 상황에 맞게 이해할 수 있는지에 따라 평가된다. 따라서 설명은 단순한 정보 제공을 넘어 청중의 문제 해결을 돕는 방식으로 제공되어야 한다(Miller, 2019).

효과적인 설명은 청중이 정보를 직관적으로 이해하고, 이를 실제 문제 해결에 적용할 수 있도록 구성되어야 한다. 설명의 유효성은 청중의 배경지식, 설명이 이루어지는 상황, 그리고 문제의 복잡성 등을 고려해 판단된다. 또한 설명은 실제 상황에서 유용해야 하며 이론적이거나 추상적인 정보만으로는 부족하다. 실용주의적 설명 이론은 사용자의 피드백을 통해 설명을 지속적으로 개선하고 조정하는 과정의 중요성도 강조한다.

반례 생성과 반사실적 설명

블랙박스를 여는 설명 가능한 AI 기술 중 사례 기반 설명(Case-Based Explanations)과 반사실적 설명(counterfactual explanation)은 의료 현장에서 이루어지는 조건부 추론 과정과 비슷한 점이 많다. 의료진이 과거의 비슷한 환자 사례를 바탕으로 의사 결정을 하듯이, 사례 기반 설명은 AI가 내린 결정과 유사한 상황이나 사례를 제시하는 방식이다. 반사실적 설명은 "만약 X가 다르게 일어났다면 결과는 어떻게 달라졌을까?"라는 가정에 기반한 설명으로, 의료진이 가정적인 시나리오를 통해 다양한 선택지의 결과를 고려하는 방식과 유사하다. 특정 치료나 검사를 받지 않았다면 어떻게 될지 환자나 다른 의료진에게 설명하는 것은 의료 현장에서 매일 일어나는 과정이다.

실용주의적 설명 이론의 관점에서 사례와 반례 제시를 통한 반사실적 설명은 AI의 결정을 명확히 하고 사용자 이해를 돕는 데 중요한 역할을 한다. 특히 반례는 특정 개념이나 주장에 대한 이해를 돕는 데 기여한다. 예를 들어 어떤 치료 방법이 효과적이지 않은 경우를 제시함으로써 해당 치료의 한계나 조건을 명확히 하여 사용자가 더 깊이 있는 이해를 할 수 있도록 한다. 반례를 비교함으로써 어떤 상황에서 특정 결과가 나타나지 않았는지를 직관적으로 파악할 수 있게 된다. 또한 반례는 사용자가 특정 결정이나 이론이 왜 적합하지 않은지를 이해할 수 있도록 돕고 비판적으로 분석하도록 유도한다(Galhotra, 2021). 이 과정에서 사용자는 정보의 정당성을 평가하고 보다 심도 있는 분석을 하게 된다. 이렇게 사례와 반례를 제시하는 반사실적 설명 방법은 AI에 대한 사용자의 이해를 깊이 있게 하고 비판적 사고를 촉진하며 실질적인 의사 결정에 기여하는 중요한 요소로 기능한다.

의료 영상을 분석하는 AI에서 가장 널리 사용되는 Grad-CAM 등의 중요도 지도 방법은 딥러닝 모델이 이미지 데이터를 분석할 때 특정 클래스에 집중하는 영역을 시각화하는 데 강점을 가지며 병변이 포함된 위치를 보여 준다. 하지만 이 방법은 위치 정보만 제공할 뿐이며, AI의 결정 근거가 의료진이 고려하는 임상적 소견과 얼마나 부합되는지는 명확하게 나타내지 않는다. 이에 반해, 사례 및 반례 생성을 통한 설명 방법은 AI의 결정 과정에 대해서 어떤 부분에 주목하는지 보는 위치 정보뿐 아니라 그 결정의 근거가 되는 임상적 소견도 함께 제공할 수 있다. 필자가 개발한 녹내장 진단용 의료 AI에 대한 반례 생성 설명 방법을 통해 구체적인 예를 들겠다 (Chang, 2021).

녹내장은 시신경이 손상되어 시야 결손이 발생하는 질환으로, 시신경의 상태를 정확하게 파악하는 것이 매우 중요하다. 정상적인 눈에서는 시신경 유두의 중앙 부분이 약간 함몰되어 있지만 녹내장 환자의 경우 이 함몰 부위가 비정상적으로 커져 있다. 시신경섬유층은 망막의 가장 안쪽에 위치한 얇은 층으로 수백만 개의 신경 세포가 모여 시각 정보를 전달하는 역할을 한다. 녹내장이 진행되면 시신경섬유층이 점차 얇아지고 결손이 발생한다. 안과 의사는 시신경 유두의 함몰 부위 정도와 시신경섬유층 결손 정도를 판단하여 녹내장을 진단한다. 반례 생성을 통한 설명 가능한 AI 방법은 녹내장 진단을 받은 환자의 안저 사진을 기반으로, AI가 판단하는 더 전형적인 녹내장 사례를 만들어 내어 AI의 진단 과정을 의사에게 직관적으로 설명하는 방식이다.

의사는 이때 추가되거나 강조된 소견이 시신경 유두의 함몰과 시신경섬유층 결손과 잘 부합하는지 확인함으로써 AI가 녹내장을 어떻게 이해하는지 파악할 수 있다. 반대로, AI가 정상으로 판단하는 사례를 생성하여 실제 녹내장 소견이 제거되는지도 확인할 수 있다.

반사실적 생성 AI와 설명 가능한 의료 AI

반사실적 AI(Counterfactual AI)는 위에서 설명했듯이 특정 결과를 예측하는 반사실적 사례를 제공해 설명 가능성을 높여 주는 인공지능 기술이다. 이는 위치에 대한 정보나 각 특성이 모델의 예측에 미치는 영향 위주로 설명을 제공하는 기존의 방법에 비해서 그 결정의 근거가

되는 임상적 소견도 함께 제공하는 방법이다. 반사실적 AI를 통해 의료진은 AI의 결정 과정을 직관적으로 이해할 수 있으며 숨겨진 이미지 속성을 발견하여 새로운 연구로 이어지도록 지원하는 유용한 도구가 될 수 있다.

반사실적 AI는 이처럼 많은 장점과 가능성이 있지만, 지금까지 충분히 활용되지 못했다. 사례나 반례를 생성하는 과정에서 상당히 많은 연산 자원이 필요하여 이를 구현하는 것이 기술적으로 어렵기 때문이다. 특히 반례 생성을 통한 반사실적 설명은 다양한 가상 조건을 설정하고 그 결과를 시뮬레이션 해야 하므로 조건 탐색과 시뮬레이션 반복 과정에서도 상당한 연산이 필요하다. 하지만 파운데이션 모델과 생성 AI의 발전이 이러한 상황을 바꾸고 있다. 이 모델들은 대규모 데이터를 미리 학습하고 다양한 조건에서의 패턴과 관계성을 추론하는 능력을 갖추고 있어, 유사한 사례를 빠르게 검색하거나 반사실적 조건을 생성할 수 있는 강력한 도구로 작용한다.

우선, 파운데이션 모델은 대규모 의료 데이터를 사전 학습하여 새로운 입력에 대해 신속하게 유사한 사례를 제공할 수 있다. 전통적인 사례 기반 시스템과 달리 파운데이션 모델은 미리 학습한 데이터로부터 유의미한 패턴을 일반화할 수 있어서 반드시 원본 데이터를 모두 검색하지 않고도 사례 유사성을 빠르게 판단할 수 있다. 이에 따라 연산 자원의 부담을 줄이고 실시간에 가까운 피드백을 제공할 수 있게 되었다.

생성 AI는 다양한 조건을 바탕으로 맞춤형 시나리오를 유연하게 제공할 수 있어 설명에 필요한 사례와 반례 제시에 매우 적합하다. 생성 AI가 실용주의적 설명 이론과 결합하면 AI의 복잡한 결정 과정을 사용자의 상황과 이해 수준에 따라 맞춤형 설명으로 제공할 수 있다. AI가 내린 특정 진단이나 치료 방법을 환자에게는 이해하기 쉬운 방식으로, 의료진에게는 심도 있는 임상적 분석으로 사례와 반례를 통해 설명할 수 있다. 실용주의적 설명 이론의 핵심은 설명의 적합성이므로 생성 AI는 설명을 듣는 사람의 상황과 지식 수준에 맞춰 조정된 설명을 제공해야 한다. 이러한 맞춤형 설명 능력은 의료 AI가 신뢰받는 도구로 자리 잡는 데 중요한 역할을 할 것이다.

생성 AI 자체로 본다면 복잡한 모델 구조와 불투명성 때문에 AI의 결정 과정을 이해하기가 더욱 어려워졌다는 비판도 받는다(Del Ser, 2024). 하지만 생성 AI의 유연성과 창의성을 실용주의적 설명 이론의 관점에서 활용하면 매우 효과적인 반사실적 설명을 제공할 수 있다. 생성 AI는 설명 가능한 AI 개발에 영향을 미치고, 설명 가능한 AI는 생성 AI 모델의 이해를 도울 수 있다(Lee, 2024). 반사실적 생성 AI(Counterfactual generative AI)를 의료 영역에 적합하게 발전시킨다면 사용자의 상황과 이해 수준에 따라 맞춤형 설명을 제공하는 차세대 설명 가능한 의료 AI 기술이 될 것이다.

참고문헌

Chang, J., Lee, J., Ha, A., et al.(2021.1). Explaining the rationale of deep learning glaucoma decisions with adversarial examples. *Ophthalmology, 128*(1), 78–88.

Del Ser, J., Barredo-Arrieta, A., Díaz-Rodríguez, N., et al.(2024.1.1). On generating trustworthy counterfactual explanations. *Information Sciences. 655,* 119898.

Galhotra, S., Pradhan, R. & Salimi, B.(2021.6.9). Explaining black-box algorithms using probabilistic contrastive counterfactuals. InProceedings of the 2021 International Conference on Management of Data. 577–590.

Keil, F.(2006.1.10). Explanation and understanding. *Annual Review of Psychology, 57*(1), 227–254.

Lee, S. & Topol, E.(2024.2.24). The clinical potential of counterfactual AI models. *The Lancet. 403*(10428), 717.

Miller, T.(2019.2.1). Explanation in artificial intelligence: Insights from the social sciences. *Artificial intelligence. 267,* 1–38.

09
인간 중심 의료 AI

의료 기술의 발전으로 의료의 질과 효율성은 향상되었지만, 때때로 의료진과 환자 간의 인간적인 교감을 간과한 경우도 있었다. AI는 의료진이 환자와 깊이 있는 소통을 할 수 있도록 돕는 도구가 되어야 한다. 인간적인 돌봄과 기술적 혁신을 조화롭게 결합한 인간 중심의 의료 AI만이 환자에게 더 나은 경험과 만족을 제공할 수 있다.

AI와 화장품?

기술 발전과 소통 단절의 역설

대기실에서 환자들은 불안감과 긴장 속에 진료를 기다린다. 오랜 기다림 끝에 진료실에서 들어가면, 의사들은 컴퓨터 화면에 시선을 고정하고 전자의료기록 시스템을 통해 환자의 데이터를 기록하느라 정신이 없다. 환자들은 자신이 단순히 진료 업무의 일부분에 지나지 않는다는 소외감을 느끼게 된다. 병원에서 흔히 겪게 되는 경험이다.

의료 기술의 발전은 의료 질 향상과 효율성 증대에 크게 기여해 왔다. 그러나 그 과정에서 의도치 않게 인간적 요소가 소홀히 여겨지고 의료진과 환자 간의 소통이 약화되는 상황이 발생하기도 한다.

전자의료기록 시스템은 의료 현장에서 행정적 업무를 자동화하고 효율성을 크게 향상했다. 과거에는 종이에 일일이 환자의 기록을 작성하는 데 많은 시간이 소요되었으나, 전자의료기록 도입으로 이러한 행정 작업이 간소화되었다. 특히 환자 기록의 공유가 원활해지면서 의료진 간 협력이 강화되었고 진료 속도와 정확성이 크게 향상되었다.

그러나 이와 같은 긍정적인 변화 이면에는 의료진과 환자 간의 소통이 단절되는 문제가 생겼다. 진료 과정에서 의사들은 환자와의 대화보다는 컴퓨터 입력에 더 많은 시간을 할애하게 되었고, 환자들은 자신이 치료의 중심이 아니라 시스템의 일부로 취급된다는 느낌을 받았다. 기록 작성 방식이 템플릿에 의존하게 되면서 진료실은 점차 기계적이고 비인간적인 공간으로 변해 갔다. 이에 따라 환자들은 세심한 진료를 받지 못한다고 느끼게 되었고, 의사들 역시 환자와의 교감 부족으로 업무에 대한 사기가 저하되는 경우가 많았다. 이는 기술 발전이 항상 인간적 가치에 긍정적인 영향만 미치는 것은 아니라는 것을 시사한다.

최근 AI 기술의 급속한 발전으로 의료 현장이 또 다른 변화를 겪고 있다. AI 기반 진단 도구는 수백만 개의 데이터를 빠르게 분석해 질병을 조기에 진단하고, 치료법을 제안하는 능력을 보여준다. 하지만 AI의 발전이 과거 전자의료기록 시스템의 문제를 반복할 가능성도 있다. 의료진이 AI가 제공하는 분석 결과와 권장 사항에만 집중하여 환자와의 소통이 줄어든다면, 환자는 자신이 단순한 수치나 데이터로 환원되었다고 느낄 수 있다. 이러한 방식은 의료진과 환자 간의 신뢰 관계를 약화할 뿐만 아니라 환자에게 심리적 불안감을 가중할 수 있다. 환자가 자신이 수동적인 존재로 여겨진다고 느낀다면, 이는 치료의 만족도와 치료 성과에도 부정적인 영향을 미칠 수 있다.

공감과 소통을 강화하는 인간 중심 AI

의학은 단순한 질병의 치료에 그치는 것이 아니라 환자를 하나의 인간으로 이해하고 돌보는 행위라는 점에 그 본질이 있다. 1927년 하버드 의대의 프랜시스 피바디(Francis W. Peabody)는 "환자를 돌보는 비결은 환자를 돌보는 것에 있다"라는 유명한 명언을 남겼다(Peabody, 1927). 그의 가르침은 의학기술의 발전 속에서도 여전히 유효하다. 의료에서 중요한 것은 단순히 데이터를 해석하고 처방하는 것이 아니라, 환자의 고통을 공감하고 그들이 직면한 문제에 대해 깊이 이해하는 것이다.

의료 AI는 단순히 효율적인 데이터 분석 도구로 그쳐서는 안 된다. 오히려 AI는 의료진이 환자와 더욱 깊이 있는 소통을 할 수 있도록 돕는 도구가 되어야 한다. 의료진과 환자 간의 소통은 단순한 정보 전달을 넘어선다. 이는 신뢰 형성과 심리적 지지, 나아가 치료 성과에까지 영향을 미치는 중요한 요소다. 의료진이 환자의 이야기를 경청하고 환자의 고통과 두려움을 이해하는 과정에서 형성된 신뢰는 치료 과정에서 협력을 더욱 원활하게 만든다.

이러한 맥락에서 인간 중심 AI는 그 중요성이 더욱 두드러진다. 인간 중심 AI는 기술적 성과와 효율성만을 추구하지 않는다. 인간의 요구와 가치를 최우선으로 고려해 설계되고 적용되는 AI로서, 데이터를 처리하고 분석하는 것을 넘어, 환자와 의료진 간의 상호작용에서 소통과 공감을 증진해야 한다. AI는 의료진의 인지적 부담을 줄여주고, 그들이 환자와 더 많은 시간을 할애하며 더 깊이 있는 소통을 나눌 수 있도록 지원하는 도구가 되어야 한다(Israni, 2019).

예를 들어 자연어 처리와 비디오 분석 기술을 결합해 환자의 언어적 표현뿐만 아니라 비언어적 신호(표정, 목소리 톤, 몸짓 등)까지도 분석하는 다중 모달리티 AI의 도움으로 의료진은 환자의 심리적 상태를 더 정확하게 파악하고, 보다 인간적인 접근을 할 수 있게 된다. 또한 생성 AI가 환자의 건강 기록을 분석해 중요한 정보를 미리 정리해 줌으로써 의료진이 환자와의 대화에 더 집중할 수 있는 환경을 마련해 줄 수 있다. 이를 통해 의료진은 표면적인 증상이나 데이터를 넘어서 환자의 전반적인 건강 상태와 심리적 상태까지 깊이 있는 질문을 던질 수 있게 된다(Morrow, 2023). 인간 중심 AI는 의료진이 환자의 상태를 더 깊이 이해할 수 있는 정보를 제공함으로써 진료 과정에서 인간적 교류를 강화하고 환자의 요구에 더욱 맞춤형 치료를 제공하도록 지원할 수 있다.

설명 가능한 AI와 인간 중심 의료 AI

인간 중심 의료 AI는 무엇보다도 투명성과 신뢰성을 갖추어야 한다. 의료 AI가 의사결정 과정에 활용될 때 특정 결과를 도출한 이유가 명확하게 설명될 수 있어야 하며, 이러한 설명 가능성은 의료진이 AI가 제공하는 권고나 분석 결과를 신뢰하는 데 핵심적이다. 설명 가능한 AI는 의료진과 의료 AI 간 소통을 촉진한다.

이는 의료진이 환자에게 AI가 제시한 정보와 권고를 전할 때도 중요한 역할을 한다. 의료진이 스스로 이해하지 못한 결과를 환자에게 제대로 설명할 수 없다. 설명 가능한 AI는 환자가 의료 AI를 통해 제안된 진료 방향에 대해 신뢰 속에 선택할 수 있도록 돕는다(Paraman, 2023). 인간과 AI를 연결하는 설명 가능한 AI는 인간 중심 의료 AI의 핵심 기술이다.

인간적인 소통과 돌봄의 가치를 강화하는 인간 중심 의료 AI는 환자의 상태를 더욱 세심히 파악하도록 돕고, 의료진이 효율적이고 공감 어린 치료를 제공할 수 있도록 지원하는 역할을 할 것이다. 또한 반복적이고 복잡한 업무를 AI가 효율적으로 수행해 줌으로써 의료진은 창의적이고 인간적인 면에 더 집중할 기회를 얻을 수 있다. 이는 의료진의 업무 만족도를 높이는 데에도 기여한다.

치열한 의료 AI 경쟁 속에서 인간적 돌봄과 기술적 혁신을 조화롭게 결합하여 환자와 의료진 모두에게 더 나은 경험과 만족을 제공하는 인간 중심 의료 AI만이 의료 현장에서 널리 받아들여질 것이다.

참고문헌

Israni, S. & Verghese, A.(2019.1.1). Humanizing artificial intelligence. *Jama. 321*(1), 29-30.

Morrow, E., Zidaru, T., Ross, F., Mason, C., Patel, K., Ream, M., Stockley, R.(2023.1.17). Artificial intelligence technologies and compassion in healthcare: A systematic scoping review. *Frontiers in Psychology, 13*, 971044.

Paraman, P. & Anamalah, S.(2023.4). Ethical artificial intelligence framework for a good AI society: principles, opportunities and perils. *AI & SOCIETY. 38*(2), 595-611.

Peabody, F.(1927.5.19). The care of the patient. *Journal of the American Medical Association. 88*(12), 877-882.

10
소통을 넘어 새로운 이해로

인간과 AI 간 지식 표현의 차이에서 발생한 블랙박스 문제는 설명 가능한 AI를 통해 개선되고 있다. AI는 인간의 지적 능력을 증폭시키는 강력한 도구로, 데이터 분석 능력과 인간의 통찰력이 협력할 때 우리는 현재의 한계를 넘어 새로운 이해로 도약할 수 있을 것이다.

종교와 AI?

인간과 AI 간 지식 표현 방식의 차이

인간과 AI는 지식을 획득하고 처리하는 방식에서 근본적인 차이를 보인다(Russell, 2016). 지식 표현 방식에서 인간은 감각 기반, 경험 기반, 언어 기반을 통해 세상을 인지하고 지식을 축적한다. 시각, 청각, 촉각과 같은 다양한 감각을 활용해 추상적인 개념을 형성하며, 개인의 경험과 학습을 바탕으로 복잡한 상황을 이해할 수 있다. 또한 언어를 통해 지식을 표현하고 사회적 상호 작용을 통해 이를 확장한다.

예를 들어 고양이를 보았을 때 인간은 고양이의 부드러운 털, 야옹 소리, 귀여운 외모 등 다양한 감각 정보를 통해 고양이라는 개념을 형성하게 된다. 또한 과거에 고양이와의 경험을 바탕으로 고양이의 성격이나 습성에 대한 이해를 깊게 한다. 이렇게 인간은 생물학적 기반 위에 다양한 문화적 요소가 더해져 복잡한 지식 체계를 구축한다. 비언어적 의사소통을 통해서도 의미를 전달하며 주관적 경험과 객관적인 지식을 동시에 가지고 있다.

반면 AI는 수치와 데이터를 기반으로 지식을 표현하며, 이미지는 픽셀 값, 텍스트는 벡터로 변환되어 처리된다. 고양이 사진은 픽셀 값의 집합으로 표현되며, 이러한 픽셀 값들의 공간적인 배치, 색상, 명암 등 다양한 패턴을 분석하여 AI는 해당 이미지가 고양이임을 인식하는 것이다.

AI는 명확한 규칙과 알고리즘을 기반으로 지식을 표현하며 신경망을 포함한 다양한 방식으로 복잡한 패턴을 학습하게 된다. 각 AI 모델은 설계 방식, 학습 데이터, 목적, 알고리즘, 데이터 전처리, 학습 방식, 하이퍼파라미터 등 다양한 요인에 따라 다르게 작동하며, 이로 인해 AI 간에도 지식 표현 방식에서 차이가 생긴다. AI는 수치나 확률값을 통해 결과를 제시하고, 학습된 규칙과 패턴을 바탕으로 설명을 생성하지만, 인간에게 직관적으로 이해되기 어려운 경우가 많다(Miller, 2019).

인간과 AI의 소통을 돕는 이해의 확장

인간과 AI 간의 지식 표현 방식의 차이는 AI의 판단 과정이 불투명한 블랙박스 문제를 야기한다(제2장). 복잡한 계산을 통해 도출된 AI의 결론은 의료진과 환자에게 설명 가능성이 부족하여, 의사 결정에 대한 신뢰를 저해할 수 있다. 아리스토텔레스가 강조했듯이 진정한 지식은 결과뿐만 아니라 그 과정에 대한 명확한 설명을 수반해야 한다.

이러한 문제를 해결하기 위해 등장한 설명 가능한 AI

기술은 의료 AI의 결과에 대한 신뢰도를 높이고, 의료진의 판단을 보조하는 데 기여하고 있다. 다양한 설명 가능한 AI 기술을 통해(제3장) 의료진은 AI의 결과가 어떻게 도출되었는지 이해하고 이를 바탕으로 임상적 판단을 내릴 수 있게 되었다.

하지만 설명 가능한 AI 기술은 아직 완벽하지 않다. AI의 설명 방식과 인간의 사고방식 간에는 여전히 괴리가 존재한다. 따라서 인간과 AI가 더욱 효과적으로 상호작용할 수 있도록 인간의 이해 수준에 맞춘 설명 방식을 개발하는 것이 중요하다. 사용자 중심의 설명 가능한 AI를 통해 의료 현장에서 AI 기술의 신뢰도를 더욱 높여 안전하고 효과적인 의료 서비스를 제공할 수 있을 것이다.

인간과 AI 간의 소통 장벽으로 작용하는 블랙박스 문제는 생성 AI 기술의 발전으로 해소될 가능성을 보인다. 생성 AI는 대규모 데이터를 기반으로 자연스러운 언어를 생성하고 복잡한 상황을 이해하는 능력을 갖추어 인간과의 소통을 더욱 원활하게 만들 수 있다. 특히 의료 분야에서 생성 AI 기반 챗봇은 전문적인 의료 용어를 일상적인 언어로 풀어 설명하여 환자의 이해를 돕고, 맞춤형 정보를 제공하여 환자의 만족도를 높일 수 있다(제7장). 또한 다양한 가상 시나리오를 생성하여 AI의 의사 결정 과정을 시각적으로 설명함으로써 의료진이 AI의 판단을 더욱 신뢰하고 효과적으로 활용할 수 있도록 지원할 수 있다.

사례와 반례를 생성하여 AI의 결정 과정을 시각화하는 반사실적 설명 기법은 인간의 이해를 돕는 강력한 도구다. 특히 생성 AI는 다양한 가능성을 가진 가상의 사례를 효율적으로 생성하여 AI 모델이 어떤 특정한 입력에 대해 어떤 결과를 도출하는지, 그 이유는 무엇인지를 명확하게 보여 줄 수 있다(제8장).

반대로 설명 가능한 AI 기술은 생성 AI 모델의 성능 향상에도 기여할 수 있다. 설명 가능한 AI를 통해 모델의 취약점을 파악하고, 이를 개선하기 위한 데이터를 보완하거나 알고리즘을 수정할 수 있기 때문이다. 이처럼 생성 AI는 설명 가능한 AI 개발에 영향을 미치고 설명 가능한 AI는 생성 AI 모델의 이해를 도울 수 있다.

설명 가능한 AI 기술의 발전은 인간과 AI 간의 소통을 촉진하고 의료 분야에서 인간 중심 AI 시대를 열어 가는 데 기여한다(제9장). AI가 내린 결정에 대한 이해도를 높임으로써 의료진은 환자에게 더욱 맞춤형 진료를 제공할 수 있게 된다. 인간의 감정과 상황적 맥락을 고려한 AI 개발은 단순히 질병 진단을 넘어 환자 개개인의 심리적 상태와 삶의 질을 향상시키는 데 기여할 것이다. 이를 통해 의료는 질병 치료 중심에서 환자 중심으로 패러다임이 전환될 것이다. 환자와 의료진 사이의 깊이 있는 소통을 가능하게 하고 환자의 경험을 최우선으로 하는 AI만이 의료 현장에서 지속 가능한 성장을 이룰 수 있을 것이다.

다중 모달리티 의료 AI는 인간 중심 의료 AI의 새로운 지평을 열고 있다. 파운데이션 모델 기반의 다중 모달리티 AI는 의료 영상, 생체 신호, 의무 기록 등 다양한 데이터를 통합 분석하여 의료진에게 실시간으로 맞춤형 정보를 제공한다(제6장). 이를 통해 의료진은 더욱 정확하고 신속한 진단을 내리고 환자에게 최적의 치료 계획을 수립할 수 있다. 또한 음성 인식 기술을 활용하여 의료진의 업무 부담을 경감하고 자동 문서 생성 기능을 통해 의료 기록 관리 효율성을 높일 수 있다. 이는 의료진이 환자와의 소통에 더욱 집중할 수 있도록 지원하며 따뜻하고 인간적인 의료 서비스를 제공하는 데 기여할 것이다.

새로운 이해를 여는 인간과 AI의 공진화

AI는 인간의 지적 능력을 증폭시키는 강력한 도구다. AI는 방대한 데이터를 분석하여 인간이 놓치기 쉬운 숨겨진 패턴을 발견할 수 있다. 이를 통해 인간은 기존의 사고방식에서 벗어나 혁신적인 아이디어를 창출하고 미지의 영역을 개척할 수 있다.

특히 의료 분야에서 AI는 기존의 의료 데이터를 재해석하여 새로운 질병 진단 마커를 발굴하는 데 기여한다. 이른바 기회진단 AI(제5장)는 방대한 의료 데이터 속에서 숨겨진 상관관계를 찾아내어 기존에 알려지지 않은 질병의 원인이나 새로운 치료 표적을 제시한다. 우리나라의 체계적인 국가건강검진 시스템은 이러한 기회진단 AI 개발을 위한 풍부한 데이터 자원을 제공한다.

AI는 신약 개발의 패러다임을 변화시키고 있다(제7장). 방대한 생물학적 데이터를 분석하고 복잡한 분자 상호 작용을 모델링하는 AI는 단백질 구조 예측, 신약 후보 물질 발굴 등 신약 개발 전 과정에서 혁신을 이끌고 있다. AI는 데이터 기반의 가설 생성과 효율적인 실험 설계를 통해 신약 개발 기간을 단축하고 성공률을 높이는 데 기여한다. 또한 AI는 기존의 접근 방식으로는 발견하기 어려운 새로운 약물 타깃을 제시하고, 개인 맞춤형 치료를 위한 바이오마커 발굴에도 활용된다. AI는 데이터 분석 도구로서 인간의 창의성을 더욱 극대화하고 생명 현상에 대한 이해를 심화시켜 과학적 발견을 가속화하는 역할을 수행한다.

새로운 바이오마커나 신약 후보 물질을 발굴하는 AI 모델에서도 설명 가능한 AI는 신뢰도를 높이는 핵심 요소다. 특히 반사실적 AI 기술은 AI 모델의 추론 방식이 과학자나 임상의의 직관과 일치하는지를 판단하는 데 활용될 수 있다. 이를 통해 정확도뿐 아니라 과학적 기전과 설명 가능성을 함께 고려하여 최적의 의료 AI를 판별할 수 있으며(Auditing AI), 모델의 편향을 발견하여 개선할 수 있다(Lee, 2024). 즉, 설명 가능한 AI와 반사실적 AI의 결합은 의료 AI 모델의 검증과 개선을 위한 강력한 도구가 될 것이다.

인간과 AI는 서로를 발전시키는 공진화를 통해 의료 분야에 새로운 지평을 열 것이다. AI는 단순한 도구에 머무르지 않고 인간의 지적 능력을 확장하는 지능형 파트너로 자리매김하고 있다. AI의 데이터 분석 능력과 인간의 통찰력이 협력할 때 우리는 현재의 한계를 넘어 새로운 이해로 도약할 수 있을 것이다.

참고문헌

Lee, S. & Topol, E.(2024.2.24). The clinical potential of counterfactual AI models. *The Lancet. 403*(10428), 717.

Miller, T.(2019.2.1). Explanation in artificial intelligence: Insights from the social sciences. *Artificial intelligence. 267*, 1–38.

Russell, S. & Norvig, P.(2016). *Artificial intelligence: A modern approach*. Pearson.

박상민

서울대학교 의과대학 교수다. 서울대 의과학과 건강시스템 데이터사이언스 연구실의 책임교수이며, 설명 가능한 AI 의료기기를 개발하는 스타트업인 자이메드(XAIMED)의 창업자다. 서울대학교 의과대학을 졸업했으며 하버드대학교 보건대학원에서 박사후 과정을 거쳤다. 대통령 직속 4차 산업혁명위원회 위원 및 한국보건의료연구원 연구기획단장, 서울대학교병원 건강증진센터장을 역임했으며, 현재 서울대학교병원 공공의료빅데이터 융합연구사업단 단장을 맡고 있다. 정확도와 설명 가능성을 함께 고려해 최적의 의료 AI 모델을 개발하고 기회진단 AI를 통해 새로운 디지털 바이오마커를 연구한다. 대한의학회 분쉬의학상 젊은의학자상, 서울시의사회 유한의학상, 대한민국의학한림원 화이자의학상, 범석학술재단 범석상 등을 수상했으며 데이터사이언스 및 인공지능 영역에서 330여 편 이상의 논문을 국제 학술지에 게재했다.